AS COISAS BOAS
DA VIDA

AS COISAS BOAS DA VIDA

Memórias sobre Superação de Perdas Familiares
e Minha Batalha contra Drogas e Álcool

HUNTER BIDEN

TRADUÇÃO
FELIPE DE GUSMÃO RIEDEL

Título do original: *Beautiful Things*.
Copyright © 2021 Hunter Biden.
Copyright da edição brasileira © 2022 Editora Pensamento-Cultrix Ltda.
1ª edição 2022.
Todos os direitos reservados. Nenhuma parte desta obra pode ser reproduzida ou usada de qualquer forma ou por qualquer meio, eletrônico ou mecânico, inclusive fotocópias, gravações ou sistema de armazenamento em banco de dados, sem permissão por escrito, exceto nos casos de trechos curtos citados em resenhas críticas ou artigos de revistas.

A Editora Seoman não se responsabiliza por eventuais mudanças ocorridas nos endereços convencionais ou eletrônicos citados neste livro.

Fotografia cortesia de Joe Biden

Editor: Adilson Silva Ramachandra
Gerente editorial: Roseli de S. Ferraz
Preparação de originais: Danilo Di Giorgi
Gerente de produção editorial: Indiara Faria Kayo
Editoração eletrônica: Ponto Incial
Revisão: Erika Alonso

Dados Internacionais de Catalogação na Publicação (CIP)
(Câmara Brasileira do Livro, SP, Brasil)

Biden, Hunter
  As coisas boas da vida : memórias sobre superação de perdas familiares e minha batalha contra drogas e álcool / Hunter Biden ; tradução Felipe de Gusmão Riedel. -- 1. ed. -- São Paulo : Editora Seoman, 2022.

  Título original: Beautifult things
  ISBN 978-65-87143-27-9

  1. Biden, Robert Hunter, 1970- 2. Filhos de presidentes - Estados Unidos - Autobiografia I. Título.

22-112944   CDD-923.1

Índices para catálogo sistemático:
1. Filhos de presidente : Autobiografia 923.1
Cibele Maria Dias - Bibliotecária - CRB-8/9427

Seoman é um selo editorial da Pensamento-Cultrix.
Direitos de tradução para o Brasil adquiridos com exclusividade pela
EDITORA PENSAMENTO-CULTRIX LTDA., que se reserva a
propriedade literária desta tradução.
Rua Dr. Mário Vicente, 368 — 04270-000 — São Paulo, SP — Fone: (11) 2066-9000
http://www.editorajangada.com.br
E-mail: atendimento@editorajangada.com.br
Foi feito o depósito legal.

Para minha família.

"A curiosa sensação

de que tudo ali

era lindo,

e que sempre

ficaria lindo."

— DO *NIRVANA*,
DE CHARLES BUKOWSKI

SUMÁRIO

Prólogo: "Onde está o Hunter?" — 11

Capítulo Um: Dezessete Minutos — 19

Capítulo Dois: Réquiem — 37

Capítulo Três: Crescendo como um Biden — 53

Capítulo Quatro: Embriagado — 73

Capítulo Cinco: Caindo — 101

Capítulo Seis: Burisma — 121

Capítulo Sete: *Crack* — 139

Capítulo Oito: No Deserto — 155

Capítulo Nove: Odisseia na Califórnia — 185

Capítulo Dez: Estrada Perdida — 199

Capítulo Onze: Salvo — 213

Epílogo: Querido Beau — 237

Agradecimentos — 247

PRÓLOGO

"ONDE ESTÁ O HUNTER?"

Quando comecei a escrever este livro, na relativa tranquilidade do escritório da minha casa, em novembro de 2019, eu estava no centro de uma tempestade política cujas consequências poderiam mudar o curso da História.

O presidente dos Estados Unidos me difamava quase diariamente do gramado sul da Casa Branca. Ele usava meu nome em comícios para incitar sua base. O mote "Onde está o Hunter?" substituiu o "Prenda-a!" como linha de sua campanha publicitária. Se quiser, você pode até comprar uma camiseta com a frase "ONDE ESTÁ O HUNTER?" diretamente no *site* da campanha dele, por US$ 25, no tamanho P ao GGG.

Não muito tempo depois que esse ataque organizado se estabeleceu, apoiadores usando bonés vermelho-sangue da campanha de Trump apareceram em frente ao portão de entrada da casa que eu havia alugado em Los Angeles com minha esposa Melissa, então grávida de cinco meses. Eles falaram alto com seus megafones em mãos, agitavam cartazes e apontavam para mim como se eu fosse o personagem principal de *"Onde Está Wally"*? Fotógrafos e bonés vermelhos nos seguiam com seus carros. Chamamos a polícia, assim como fizeram alguns de nossos vizinhos, para enxotá-los de lá. Ainda assim fomos ameaçados – inclusive com uma mensagem anônima para uma de minhas filhas na escola, avisando-a de que sabiam onde eu morava –, nos forçando a procurar um lugar mais seguro. Melissa estava morrendo de medo – por ela, por nós e pelo bebê.

Tornei-me uma representação do medo de Donald Trump, do medo de que ele não fosse reeleito. Ele inventou teorias de conspiração, posteriormente desmascaradas, sobre o trabalho que eu havia realizado na Ucrânia e na China, apesar do fato de seus próprios filhos terem embolsado milhões na China e na Rússia e de seu ex-gerente de campanha ter sido preso por lavar outros milhões da Ucrânia. Ele fez tudo isso justamente quando sua política externa obscura, encabeçada por seu advogado pessoal Rudy Giuliani, foi revelada.

Era uma tática previsível, oriunda do manual de magia negra do seu mentor, Roy Cohn, o grande mago do macarthismo. Eu esperava que o presidente apelasse muito antes ao lado pessoal para explorar os demônios e vícios com os quais lidei por anos. No início, pelo menos, ele delegou essa tática para seus trolls. Certa manhã, enquanto trabalhava no livro, olhei para a tela da TV e vi Matt Gaetz, congressista da Flórida e capanga de Trump, ler o trecho de uma revista que detalhava meu vício para o registro do Comitê Judiciário da Câmara sobre meu impeachment.

— Eu não quero fazer pouco caso dos problemas de abuso de substâncias de ninguém... – disse Gaetz, rindo para as câmeras enquanto fazia pouco caso dos meus problemas com abuso de substâncias.

— Repito, não estou... julgando os desafios que alguém enfrenta em sua vida pessoal – continuou Gaetz, enquanto julgava minha vida pessoal.

Isso vindo de alguém que já havia sido preso por dirigir embriagado o BMW do pai, e que mais tarde teve as acusações misteriosamente arquivadas. Qualquer coisa era válida para manter a narrativa do *reality show*.

Nada disso importa em um clima político orwelliano e caótico. Trump acreditava que se conseguisse me destruir e, por extensão, meu pai, poderia despachar qualquer candidato com alguma decência de qualquer um dos dois partidos – ao mesmo tempo que desviava a atenção de seu próprio comportamento corrupto.

Onde está o Hunter?

Estou bem aqui. Enfrentei coisas piores e sobrevivi a elas. Conheci os extremos, o sucesso e a falência. Minha mãe e minha irmã caçula morreram em um acidente de carro quando eu tinha 2 anos de idade, meu pai correu risco de morrer quando sofreu um aneurisma e uma embolia cerebral aos 40 e meu irmão morreu muito jovem, vítima de um terrível câncer no cérebro. Venho de uma família forjada por tragédias e ligada por um amor notável e inquebrável.

Eu não vou a lugar algum. Não sou um espetáculo secundário ou uma curiosidade de um momento histórico, como todos aqueles ataques caricatos que tentam infligir a mim sugeriam. Não sou Billy Carter ou Roger Clinton, que Deus os abençoe. Não sou Eric Trump ou Donald Trump Jr. Trabalhei para outras pessoas além do meu pai, me levantei e caí sozinho. Este livro vai provar isso.

Quero deixar claro:

Sou um pai de 51 anos que ajudou a criar três lindas filhas, duas delas hoje cursando a universidade e outra formada em Direito no ano passado, e tenho um filho de 1 ano. Sou formado em Direito pela Universidade de Yale e pela Universidade de Georgetown, onde lecionei no programa de mestrado da School of Foreign Service [Faculdade de Relações Internacionais].

Fui executivo sênior em uma das maiores instituições financeiras do país (desde sua aquisição pelo Bank of America), fundei uma empresa multinacional e trabalhei como advogado para Boies Schiller Flexner, que representa grande parte das maiores e mais sofisticadas organizações do mundo.

Fui membro do conselho de diretores da Amtrak (nomeado pelo presidente republicano George W. Bush) e presidi o conselho do Programa Alimentar Mundial (WFP) dos Estados Unidos, uma das maiores organizações sem fins lucrativos para o combate à fome do planeta. Parte de minhas obrigações como voluntário no WFP era viajar para campos de refugiados e para áreas devastadas por desastres naturais em todo o mundo – Síria, Quênia, Filipinas. Já estive dentro de casas feitas de contêineres de alumínio com famílias traumatizadas para relatar o que vi aos membros do Congresso ou para conversar diretamente com chefes de Estado sobre a melhor maneira de fornecer ajuda imediata e essencial.

Antes disso, fiz *lobby* para universidades jesuítas e ajudei a garantir financiamento para clínicas odontológicas móveis nas regiões menos favorecidas de Detroit, para programas de treinamento para professores de bairros de baixa renda da Filadélfia e para um centro de saúde mental em Cincinnati que atende pessoas carentes e veteranos de guerra.

O que quero frisar com tudo isso: realizei trabalhos sérios para pessoas sérias. Não há dúvida de que meu sobrenome abriu portas, mas minhas qualificações e realizações falam por si. Tenho certeza de que essas realizações às vezes cruzaram a esfera de influência de meu pai durante seus dois mandatos como vice-presidente. Contudo, não poderia saber que Trump se tornaria presidente e, uma vez no cargo, seria motivado por vingança e agiria com impertinência para ganho político.

E isso é minha culpa. É culpa de todos nós.

E há a questão de que:

Sou alcoólatra e viciado em drogas. Comprava *crack* nas ruas de Washington, usava a droga em quartos de hotel em Los Angeles e vivia tão desesperado por bebida que não conseguia andar um quarteirão entre a loja de conveniência e meu apartamento sem abrir a garrafa para dar um gole. Só nos últimos cinco anos destruí meu casamento de mais de duas décadas, apontaram armas para minha cara e, em determinado momento simplesmente desapareci, passando a viver em hotéis de US$ 59 por noite próximo da rodovia I-95, e deixei minha família ainda mais assustada do que eu mesmo estava.

Esse fundo de poço veio logo depois de eu ter abraçado pela última vez meu irmão Beau, o melhor amigo que já tive e a pessoa que mais amo nesse mundo. Beau e eu conversamos praticamente todos os dias de nossas vidas. Discutíamos quase tanto quanto ríamos, mas nunca terminamos uma conversa sem que um de nós dissesse:

— Eu te amo – e o outro respondesse:

— Também te amo.

Quando Beau morreu, perdi a esperança. Nunca me senti tão sozinho.

Desde então, saí daquele buraco escuro e desolador. Seria impossível acreditar que eu seria capaz de mudar aquela situação no início de 2019. Eu jamais teria me recuperado sem o amor incondicional do meu pai e o amor eterno do meu irmão, que ainda posso sentir mesmo após sua morte.

O amor entre mim, meu pai e Beau – o amor mais profundo que já conheci – está no cerne deste livro de memórias. É um amor que me manteve vivo nestes últimos cinco anos, em meio a demônios pessoais, a enorme pressão do mundo externo e a fúria desequilibrada de um presidente.

É uma história de amor Biden, é claro que isso significa que é complicada: trágica, humana, emocional, duradoura, com grandes consequências e redentora no final. Ela sempre continua, não importa como. Meu pai sempre disse que Beau era sua alma e que eu era o seu coração, e acho que ele acertou em cheio.

Penso nessas palavras com frequência, visto que se relacionavam à minha vida. Beau também era minha alma. Aprendi que é possível viver sem alma com o coração ainda batendo. Mas, descobrir como viver quando sua alma foi arrancada de você – quando ela foi aniquilada de uma tal maneira que você acaba vendo a si mesmo comprando *crack* no meio da noite atrás de um posto de gasolina em Nashville, Tennessee, ou desejando as garrafas de bebida do minibar do seu hotel enquanto está sentado em um palácio em Amã com o rei da Jordânia – é um processo bem mais problemático.

Milhões de outras pessoas ainda estão naquele lugar escuro onde eu estive, ou em situação ainda pior. As circunstâncias podem ser diferentes, os recursos muito menores, mas a dor, a vergonha e o desespero do vício é o mesmo para todos. Eu morei naqueles hotéis baratos de viciados em *crack*. Passei um tempo com "aquelas" pessoas – andava com elas, vasculhava as ruas com elas, ficava completamente chapado com elas. E isso me deixou com uma empatia esmagadora por aqueles que lutam apenas para sobreviver mais um dia.

No entanto, mesmo nas profundezas do meu vício, quando me defrontei com os lugares mais miseráveis possíveis, encontrei coisas extraordinárias. Pessoas consideradas como párias pela sociedade foram generosas comigo. Eu finalmente entendi como todos nós estamos conectados por uma humanidade comum, ou por um Criador comum.

Sou um cara improvável para fazer esse tipo de confissão. Acredite em mim, eu entendo. Ainda assim, por mais desesperada, perigosa e lunática que seja, essa confissão também está repleta de conexões positivas.

Quero que aqueles que ainda vivem no fundo obscuro do poço do alcoolismo e do uso abusivo de drogas possam ver a si mesmos na minha situação e que a minha fuga, que pelo menos até agora tem tido sucesso, dê a eles esperança. Estamos todos sozinhos em nosso vício. Não importa quanto dinheiro você tenha, quem são seus amigos ou a família de onde você vem. No fim das contas, quem precisa lidar com tudo isso somos nós mesmos – primeiro um dia, depois outro e depois o próximo.

E quero ressaltar, com honestidade e humildade e não apenas por respeito, que o amor da minha família foi a única defesa eficaz contra os muitos demônios que enfrentei.

Escrever este livro não foi uma tarefa fácil. Às vezes era catártico, em outras disparou gatilhos em mim. Me afastei da mesa algumas vezes enquanto pensava sobre meus últimos quatro anos vagando pelo terror do alcoolismo e do vício em *crack* – memórias de tirar o folego, perturbadoras ou ainda muito recentes para não me afetarem. Houve momentos em que literalmente tremi, senti meu estômago apertar e minha testa suar de maneira muito familiar.

Eu ainda não havia completado um ano de sobriedade quando comecei a trabalhar nas primeiras partes deste livro. O *crack* era a primeira coisa em que pensava todas as manhãs ao acordar. Tornei-me como atores que reencenam batalhas de guerra, cumprindo meticulosamente os rituais do meu vício, passo patético a passo patético – sem a droga, e com Melissa dormindo ao meu lado. Estendia o braço sobre a mesa de cabeceira, ao lado da cama, e tateava em busca de uma pedra de *crack*. Imaginava que encontrava um pedaço, depois que o colocava no cachimbo, punha o cachimbo na boca, acendia-o com um isqueiro e depois experimentava a sensação de bem-estar completo e absoluto. Era absolutamente excitante, uma tentação...

Então percebia o que estava acontecendo e parava. Melissa acordaria e um novo dia, livre de tudo aquilo, começaria. Meu pai provavelmente me ligaria de uma primária no Iowa, no Texas ou na Pensilvânia e minha filha mais velha me ligaria da faculdade de Direito em Nova York, me perguntando mais uma vez se eu havia lido o artigo que ela me encaminhara para que o avaliasse. Ocasionalmente avistava pela janela de casa um falcão sobrevoando o desfiladeiro, planando suave e lindamente, mas tudo o que conseguia fazer era pensar no Beau. Pois, apesar do meu progresso, aqueles dias tristes nunca pareciam ficar para trás.

Esta é a história da minha jornada, de lá até aqui.

CAPÍTULO UM

DEZESSETE MINUTOS

Desligamos os aparelhos que mantinham Beau vivo no final da manhã do dia 29 de maio de 2015. Ele estava impassível e mal respirava. Os médicos da unidade de cuidados intensivos do Centro Médico Militar Nacional Walter Reed, em Bethesda, Maryland, nos disseram que ele faleceria poucas horas após a remoção do tubo de traqueostomia. Eu sabia que ele iria aguentar mais – o Beau era assim. Então, sentei-me ao lado da cama do meu irmão mais velho e segurei sua mão.

Muitos outros familiares também estavam por ali – 24 Bidens entrando e saindo do quarto, vagando pelos corredores do hospital, perdidos em pensamentos, esperando. Eu não saí do lado do Beau.

A manhã se transformou em tarde, anoiteceu e depois já era tarde da noite. O sol voltou a nascer e a luz passava através das cortinas fechadas do quarto. Foi um momento confuso e doloroso: eu desejava um milagre e o fim do sofrimento do meu irmão, ambos os desejos na mesma oração.

Passaram-se mais algumas horas. Continuei conversando com Beau. Sussurrei em seu ouvido o quanto o amava. Disse que sabia o quanto ele me amava. Disse que sempre estaríamos juntos, que nada poderia nos separar. Disse como estava orgulhoso dele, como ele havia lutado e sido corajoso enquanto passava por cirurgias, radiação e, no final, por um procedimento experimental, no qual um vírus modificado foi injetado diretamente no tumor em seu cérebro dele.

Ele não teve nenhuma chance.

Tinha 46 anos.

Contudo, desde o momento do diagnóstico, menos de dois anos antes, e ao longo de todos os procedimentos, seu mantra passou a ser: "Coisas boas da vida". Ele insistia na ideia de que, quando ficasse bom, dedicaríamos nossas vidas a apreciar e cultivar a beleza infinita do mundo. "Coisas boas da vida" tornou-se um guia para relacionamentos, lugares e momentos – para tudo. Quando isso acabasse, dizia ele, abriríamos um escritório de advocacia juntos e trabalharíamos apenas em "coisas boas da vida". Sentaríamos na varanda da casa de nossos pais e olharíamos para as "coisas boas da vida" diante de nós. Apreciaríamos as "coisas boas da vida" que nossos filhos e famílias fizeram durante cada etapa ao longo do caminho e naquilo que se tornaram.

Era nosso código para uma visão renovada da vida. Nunca mais nos permitiríamos ficar demasiadamente cansados, distraídos, cínicos, ou ser desviados por algum obstáculo que a vida colocasse em nosso caminho. *Olharíamos, apreciaríamos, amaríamos.*

"Eu amo você. Amo você. Amo você."

Tive um único lampejo de memória do primeiro e mais importante momento da minha vida. Não tenho certeza o quanto disso é resultado de uma composição criada a partir de relatos de histórias de família e notícias que ouvi ou li ao longo dos anos e quanto é memória reprimida finalmente subindo para a superfície.

Mas é intenso.

Era 18 de dezembro de 1972. Meu pai acabara de vencer as eleições para o Senado dos Estados Unidos pelo estado de Delaware, seu primeiro mandato – ele havia completado 33 anos de idade algumas semanas após a eleição, e por pouco não conseguiu atender ao requisito de idade mínima do Senado quando fez o juramento, em janeiro. Ele estava em Washington naquele dia para entrevistar a equipe de seu novo gabinete. Minha mãe, Neilia, uma mulher linda, brilhante e com apenas 30 anos de idade, nos levou: eu, Beau, meu irmão mais velho, e Naomi, nossa irmã caçula, para comprar uma árvore de Natal em um lugar próximo à casa velha, agora reformada, onde morávamos, em Wilmington.

Beau tinha quase 4 anos de idade, e eu quase 3. Nascemos com um ano e um dia de diferença – praticamente gêmeos irlandeses.

Na minha mente, é isso o que ocorre:

Estou sentado na parte de trás de nossa espaçosa perua Chevy branca, atrás de minha mãe. Beau está no banco de trás comigo, atrás de Naomi, a quem nós dois chamávamos de Caspy – pálida, gordinha e tendo aparecido na nossa família, do nada, treze meses antes, ela foi apelidada em homenagem a um de nossos personagens favoritos de desenho animado, Casper (Gasparzinho), o fantasma camarada. Ela está dormindo profundamente, acomodada em um berço no banco do passageiro.

De repente, vejo a cabeça de minha mãe virar para a direita. Não me lembro de mais nada, de sua fisionomia, do olhar, da expressão de sua boca, de nada. A cabeça dela simplesmente balançou. Naquele mesmo momento, meu irmão mergulha – ou é arremessado – em minha direção.

Foi rápido, violento e caótico: quando nossa mãe reduziu a velocidade do carro em um cruzamento, fomos atingidos por um caminhão carregado com espigas de milho.

Minha mãe e minha irmã morreram quase que instantaneamente. Beau foi retirado dos destroços com uma perna quebrada e muitos outros ferimentos. Sofri uma grave fratura no crânio.

A próxima coisa de que me lembro é acordar em um hospital, com Beau na cama ao lado da minha, enfaixado e engessado, parecendo ter sido espancado em uma briga de parquinho. Ele murmurava três palavras para mim, repetidamente:

"Eu amo você. Eu amo você. Eu amo você."

Esse é o início de nossa história. Beau se tornou meu melhor amigo, minha alma gêmea e minha estrela guia desde os meus primeiros momentos de consciência na vida.

Três semanas mais tarde, de dentro de nosso quarto no hospital, papai fez seu juramento e tomou posse como Senador.

Beau estava no seu segundo mandato como procurador-geral de Delaware e era pai de uma filha e um filho quando os médicos o diagnosticaram com glioblastoma multiforme – câncer no cérebro.

É provável que o tumor estivesse incubado há pelo menos três anos. No outono de 2010, cerca de um ano depois de retornar do destacamento no Iraque, Beau reclamou de dores de cabeça, dormência e paralisia. Na época, os médicos atribuíram os sintomas a um derrame.

Depois disso, monitoramos o progresso de Beau. Algo parecia errado. Ele brincava com os amigos dizendo que de repente começara a ouvir música dentro de sua cabeça. Isso não soava para mim como uma piada, mas como algo assustador. Ele não conseguia descobrir o motivo para isso, mas, analisando agora, tenho certeza de que as alucinações auditivas eram causadas pelo tumor invadindo alguma região de seu cérebro – um tumor tocando um neurônio, que acionava outro neurônio, e de repente ele estava ouvindo uma música de Johnny Cash. Era isso que Beau estava vivenciando.

Posteriormente, em uma noite quente de agosto de 2013, em um pequeno hospital em Michigan City, Indiana, observei com horror Beau sentir grande apreensão. Ele confirmou que forças mais sinistras estavam atuando. No dia anterior, Beau havia feito sua viagem anual de onze horas de carro, saindo de Delaware com a esposa e filhos para passar férias comigo e minha família no Lago Michigan, não muito longe de onde minha ex-esposa, Kathleen, crescera. Eu cheguei à casa de verão naquele dia depois de passar o fim de semana servindo na Reserva da Marinha dos Estados Unidos em Norfolk, Virgínia, e estava mudando de roupa para encontrar o pessoal na casa da prima de Kathleen, a um quarteirão de distância, quando vi Beau e nossas famílias caminhando na calçada. Percebi que todos ao seu redor estavam em pânico.

Beau insistiu que estava bem. Mas ele estava visivelmente atormentado, desanimado e instável. Nós o levamos de carro ao hospital local, onde uma ressonância magnética estava prestes a ser feita quando ele teve uma convulsão. Foi assustador, como uma cena do filme *O Exorcista*. A violência explodindo dentro de seu corpo estava sendo expressa na forma de convulsões e contrações. Era quase possível ver a tempestade feroz que acontecia dentro de seu cérebro, e aquilo pareceu durar uma eternidade. Me senti impotente: queria absorver a dor do meu irmão, mas não havia nada que eu pudesse fazer.

Nada!

Quando a tempestade finalmente passou, Beau foi levado de helicóptero para o Hospital Northwestern Memorial, em Chicago. Eu e sua esposa, Hallie, seguimos em meu carro, em uma velocidade tão alta que a viagem durou metade do tempo normal, de pouco mais de uma hora. Quando chegamos, Beau já havia feito a ressonância magnética e o médico nos mostrou as imagens.

Fiquei aliviado. Tinha visto tantas imagens de cérebros desde o derrame de Beau que pensei que sabia dizer o que estava acontecendo.

— É apenas o derrame – disse, apontando para a parte do cérebro danificada. Era como uma sombra suja na imagem.

O cirurgião, um dos melhores do país, deu um suspiro solidário.

— Hunter – disse ele solenemente, acho que é um tumor.

— De jeito nenhum – insisti. — Tenho certeza... vi muitas imagens como essa no último ano. É exatamente onde ocorreu o derrame.

— Bem, eu não sabia disso – disse o cirurgião. — Mas isso me parece ser um tumor.

Voamos de volta para casa com Beau e o levamos para o Hospital da Universidade Thomas Jefferson, próximo à Filadélfia. O tumor foi confirmado.

Poucos dias depois, Beau e eu embarcamos em um avião para Houston para nos encontrar com um neurocirurgião no MD Anderson Cancer Center, na Universidade do Texas.

O glioblastoma multiforme é um terror, é cruel e implacável. Depois da primeira cirurgia, os médicos disseram a Beau que o procedimento tinha sido bem-sucedido, que eles haviam removido todos os resquícios do tumor que haviam sido localizados, mas que tratava-se do tipo mais agressivo de câncer – o pior cenário possível. Ninguém falou com Beau sobre as probabilidades, mas eu fiz esse questionamento mais tarde, quando estávamos apenas eu, papai e o cirurgião na sala. Em seguida, pesquisei na internet para ter certeza de que a chance de sobrevivência citada pelo médico estava correta: menos de 1%. Os pacientes geralmente vivem de quatorze a dezoito meses após o diagnóstico, e os poucos que conseguem viver por cinco anos ou mais têm uma qualidade de vida considerada suportável.

Foi uma sentença de morte.

Passei rapidamente da descrença à raiva, certo de que os médicos não haviam detectado o tumor quando determinaram que ele havia sofrido um derrame. O resultado seria diferente se eles o tivessem encontrado antes? Essa é uma pergunta difícil e sem resposta.

Agora Beau e todos nós nos encontrávamos na mesma complicada situação em que muitos pacientes e famílias enfrentam após um prognóstico tão difícil. Dobramos a aposta em uma rodada do jogo que já estava quase que certamente perdida. Inseguros, relutantes ou simplesmente com muito medo de fazer o contrário, adotamos um otimismo aguerrido sobre qualquer procedimento recomendado pelo médico de Beau. Nos 21 meses seguintes, essas recomendações incluíram mais duas grandes cirurgias no cérebro, quimioterapia e tratamentos brutais de radiação – todos, no final, sem sucesso.

Se eu tivesse que fazer tudo de novo, nunca teria concordado em submeter Beau ao protocolo padrão, especialmente a radioterapia. Dada a ínfima chance de ele sair dessa condição do jeito como era antes, além da dor e os prejuízos que o infligiram – dificuldade de falar, incapacidade de calçar os sapatos – fazer isso foi cruel. No entanto, naquele momento, quando você está nas mãos de profissionais tão brilhantes, dedicados e empáticos, até mesmo a menor chance de sucesso parece valer a pena.

Nossa cartada final foi uma opção de alto risco e com benefícios incertos: uma injeção no cérebro contendo um agente biológico que estava sendo desenvolvido por um oncologista e financiado pelo MD Anderson. Sabíamos que as chances de reverter o avanço do câncer eram ínfimas, mas esperávamos por um milagre.

Esperar por um milagre é um oximoro. Por definição, um milagre é algo em que uma pessoa racional não pode confiar. Portanto, é preciso uma espécie de compartimentalização obstinada para se desvencilhar do pensamento racional em um momento em que você está imerso em nada além de decisões racionais e calculadas. No caso de Beau, isso significava tudo, desde agendar sua procissão de consultas médicas, até monitorar sua dieta e determinar quem o ajudaria a se vestir. Essas banalidades logo ficaram resumidas a uma espécie de altar místico, mágico, inexplicável. Sabíamos que esse procedimento era o último recurso – uma jogada desesperada.

O tempo que antecedeu essa jogada final e desesperada, e o período relativamente curto após o procedimento, também seriam os últimos momentos sublimes que passei com meu irmão.

Beau e eu voamos juntos para Houston na semana anterior à última cirurgia no MD Anderson. Ficamos hospedados em um hotel a cerca de 1 quilômetro do hospital, fomos todos os dias ao hospital para as baterias de exames e remédios necessários para prepará-lo para o procedimento. Mamãe e papai chegaram no dia da operação.

Beau havia perdido a coordenação motora a ponto de precisar da minha ajuda para calçar as meias e os sapatos, para usar o vaso sanitário e para entrar e sair do chuveiro. Pouco depois de pousarmos em Houston acabamos discutindo. Tentei configurar um aplicativo em seu telefone que o ajudaria a regular a respiração, que estava instável. Beau ficava frustrado consigo mesmo quando não conseguia fazer algo fácil, e eu estava ficando frustrado com ele. Partiu meu coração convencê-lo do contrário: ver que meu irmão mais velho era incapaz de seguir as instruções para algo tão básico como inspirar e expirar me deixou profundamente triste.

Nosso tempo juntos naquela semana se alternou entre uma espécie de quietude esperançosa e a diversão de rir de coisas idiotas. Não nos envolvemos em conversas pesadas, do tipo "talvez isso seja o fim"; não pensamos nos procedimentos. Não fizemos preparativos hipotéticos. Ambos sabíamos intuitivamente o que precisava ser feito. Beau simplesmente não nos permitiria fazer planos para o pior. Então, seguimos sua sugestão.

Papai sempre ligava perguntando se estava tudo bem e se havia algo que ele podia fazer para ajudar. Minha resposta era quase sempre a mesma: sim e não. Ele entendeu nessa resposta o que precisava: em tempos turbulentos como este, ele, Beau e eu podíamos nos comunicar por meio de um tipo de frequência não verbal que desenvolvemos durante contratempos e tragédias anteriores. Falar demais poderia quebrar o feitiço e nos levar para um lugar onde nenhum de nós queria estar.

Não era uma situação na qual pensamentos mais realistas não faziam parte da nossa rotina. Mas eles simplesmente não precisavam ser articulados naquele momento. Não era uma situação na qual eu não sabia o que Beau queria de mim, ou o que eu precisava fazer. Não se tratava de necessidades que eu não pudesse entender, ou vice-versa.

Um tópico que podíamos discutir abertamente era a forma para lidar com a candidatura de Beau ao cargo de governador de Delaware após a cirurgia. A política faz parte da vida dos Biden. O atual governador democrata tinha mandato limitado e Beau havia anunciado no ano anterior que não buscaria a reeleição como procurador-geral para que pudesse se concentrar na corrida para o governo em 2016. A decisão incomum de deixar o serviço público dois anos antes para concorrer a uma eleição alimentou especulações sobre a saúde dele. Todos nós conhecíamos as probabilidades de seu diagnóstico, mas Beau encarou tudo como se o tratamento fosse dar resultado e, portanto, todos agimos da mesma maneira – que se dane a estatística!

Ficamos muito esperançosos durante toda a semana. Essa mentalidade positiva era algo que estava além da superstição para Beau. Ele ia para o hospital todos os dias como um peregrino visitando algum local sagrado, convencido de que só o bem poderia resultar daquilo – tinha certeza de que sairia curado. Os médicos e a equipe, os quais conhecíamos bem devido às duas cirurgias anteriores, tornaram-se figuras quase santas, capazes de coisas transcendentes.

Lembro-me especialmente do fascínio de Beau pelo anestesista, um sujeito simpático de olhos azuis penetrantes – na verdade, o mesmo tom de azul dos olhos do meu irmão. Ele intrigava Beau, que falava o tempo todo sobre o efeito calmante que aqueles olhos tinham sobre ele. Esse olhar foi a última coisa que Beau viu antes do início de suas duas craniotomias anteriores, e a primeira coisa que ele viu após as cirurgias. O mesmo anestesista também sedou Beau antes das ressonâncias magnéticas por causa do medo que ele tinha de ficar em espaços apertados. Os dois pareciam compartilhar de alguma compreensão velada enquanto olhavam para os olhos azul-piscina idênticos um do outro.

De volta ao hotel, rimos das mesmas coisas de que sempre ríamos. Deitava-me na cama ao lado de Beau enquanto assistíamos a filmes e a programas de TV no meu *notebook*, ficava ao lado dele até que pegasse no sono. "Maratonamos" as séries *Segura a onda e Eastbound & Down*, as favoritas de Beau, pois refletiam bem o tipo de humor idiota que ele gostava. Ainda assim, ele não dava risadas como antes, parecia um pouco menos divertido. Já não era tão fácil para ele entender as histórias e manter-se focado.

Não saíamos muito do quarto. Às vezes íamos comer no restaurante do hotel, uma noite saíamos para ver um filme e em outro dia dois amigos do Beau o surpreenderam indo nos visitar. Uma tarde, nos aventuramos em uma loja de roupas estilo *country* nas proximidades do hotel. Fiquei animado ao ver um pouco do humor de Beau reaparecer. Ele escolheu uma camisa ridiculamente brilhante – tinha botões de pressão, o que facilitava para ele vesti-las sozinho – e para combinar ele comprou um *jeans*. Tentei convencê-lo a também comprar um chapéu de *cowboy*, mas ele não mordeu a isca, não estava tão fora de si a esse ponto. Acabei comprando para mim mesmo.

Adorei aquela semana. Olhando para trás, agora vejo todo esse transcurso como um ritual pelo qual ambos precisávamos passar para nos preparar para o que estava por vir.

No começo, tudo parecia ir bem. Ainda não havíamos recebido dos médicos nenhuma informação sobre o pós-operatório, mas Beau estava comunicativo e de bom humor na sala de recuperação. Mamãe, papai e eu ficamos com ele, todos lacrados em roupas cirúrgicas. Fiquei por ali quando nossos pais foram para uma sala de conferência ao lado, uma espécie de sala para troca de informações sigilosas.

Eu havia ficado muito tempo sentado ao lado de Beau em quartos de hospitais naquele ano, então vi algo piscando no monitor que logo soube que não era bom. Eu não me lembro que tipo de medição era, mas sei que estava muito alta. Quando o cirurgião entrou na sala, sua expressão ficou alarmada e ele fez sinal para que eu saísse da sala com ele.

No corredor, ele me disse que estava preocupado. A cirurgia era tecnicamente meticulosa, e exigia basicamente que ele enfiasse uma agulha na base do crânio perfurando através do cérebro para injetar a solução no tumor. Qualquer variação ao passar pelo tecido poderia danificar um componente crítico do cérebro. Ele estava preocupado e me disse que "talvez tivesse pinçado algo que não deveria". Ele queria revisar os dados com seus colegas e saiu rapidamente.

Enquanto esperávamos que ele voltasse, Beau ficou me perguntando se algo estava errado. Eu disse a ele que não era nada e que o médico voltaria a qualquer minuto.

Cinco minutos se passaram, depois dez. Em seguida, meia hora – foi pelo menos essa a impressão que tivemos dentro daquela sala branca higienizada. Eu não queria deixar Beau sozinho, mas finalmente saí e liguei para o papai. Em pânico, disse a ele que achava que algo tinha dado muito errado, que o médico havia desaparecido e que isso não podia ser bom. Papai deu uma risadinha: o médico estava ao lado dele. O protocolo do vice-presidente dos Estados Unidos pressupõe que meu pai seja informado sobre assuntos que o envolvam diretamente antes de qualquer outra pessoa. Esse protocolo era levado à risca em situações como aquela e, às vezes, como naquele momento, me deixava desamparado. O médico acabara de conversar com ele e passar as informações, e meu pai me disse que estava tudo bem.

Não ficou tudo bem por muito tempo.

Beau voltou para Delaware alguns dias depois e teve uma noite tranquila em sua casa com Hallie e os filhos. No dia seguinte, Hallie me ligou em Washington desesperada, dizendo que Beau estava prostrado. Fui até Wilmington e subi direto para o quarto dele, onde ele havia passado o dia todo sem reagir a nenhum estímulo.

Beau parecia agoniado, fora de si. Ele mal me disse "oi" quando entrei. Eu o beijei e perguntei o que havia de errado. Ele ergueu a mão apenas alguns milímetros, balançou a cabeça levemente e disse com dificuldade:

— Eu não sei.

Sugeri que ele saísse da cama, mas ele resistiu. — Você tem que fazer isso – disse a ele. — O dia está lindo. Vamos nos sentar na varanda.

Demorou uma eternidade para que ele conseguisse se levantar. Ele praticamente não conseguia se mover – estava com muita dor e ansioso com a dificuldade para mover os braços. Carreguei-o cuidadosamente escada abaixo, levando-o mais como um filho pequeno do que como um irmão mais velho, passamos por mamãe e papai e andamos até as portas francesas que davam para a varanda da frente, com vista para o lago. Nos sentamos nas cadeiras colocadas em frente às portas abertas, apenas nós dois.

Não falei muito, apenas que tudo iria ficar bem, que os médicos haviam dito que isso iria acontecer, que injetar o vírus causaria uma tempestade de fogo em seu cérebro antes que começasse a funcionar e os glóbulos brancos passassem a atacar o tumor. Disse que era temporário, que ele apenas tinha que passar por essa fase difícil antes que as coisas melhorassem. Ele acenou levemente com a cabeça. Eu sabia que estava ouvindo atentamente e queria acreditar em tudo o que eu havia dito.

Não sei quantos minutos se passaram sem que nenhum de nós dissesse nem uma palavra sequer. Mas em algum momento, Beau pareceu apontar para um relógio novo que eu estava usando. Eu demorei um pouco para entender o que ele queria dizer. Uma noite, quando Beau tinha uns 15 anos, antes de um baile do colégio, ele entrou furtivamente no *closet* do papai e, na gaveta de cima, achou uma caixa de lembranças. Dentro da caixa encontrou um par de abotoaduras de aço inoxidável e um relógio Omega dos anos 1960, com uma pulseira de couro, que Beau acreditava que nosso pai tinha ganhado da "mamãezinha", a palavra que ambos usávamos na idade adulta para nos referir à nossa mãe, Neilia (chamávamos Jill, nossa madrasta, de "mamãe").

Ele achou o relógio tão bonito que decidiu usá-lo naquela noite, sem pedir para o papai. Ele planejava colocá-lo de volta na caixa quando voltasse para casa, mas, para seu eterno pesar, ele o perdeu no baile. Ele não disse nada para o papai, que só foi perceber que o relógio havia sumido muito tempo depois. Eu havia esquecido dessa história, mas Beau ainda se lembrava e sentia-se culpado por ter perdido o relógio.

Décadas depois, na época em que estávamos percorrendo consultórios em suas intermináveis consultas médicas, Beau começou a procurar outro relógio para substituí-lo. Encontrar uma réplica tornou-se uma obsessão para ele durante aqueles meses em que passamos tanto tempo esperando por consultas médicas, exames e tomografias, e em aeroportos à espera de voos. Procuramos em todos os lugares possíveis, sem sucesso. Fizemos buscas na internet em nossos telefones, analisando milhares de fotos. Foi uma maneira de passar o tempo e nos concentrar em algo totalmente diferente. Eu nem me lembrava de como era o relógio, mas Beau se lembrava exatamente de como ele era.

Beau parecia apontar para meu pulso, para o relógio. Um Omega Seamaster com pulseira de metal. Eu havia comprado o relógio para Beau, mas em algum ponto soube que ele não poderia usá-lo. Parecia que ele estava se perguntando por que eu havia comprado aquele relógio – não era o modelo que estávamos procurando. Eu ri. Foi tão reconfortante ver Beau bem o bastante para fazer uma observação inesperada, algo que não tinha nada a ver com o mal-estar que ele se sentia.

Estabelecemos outro longo e sereno silêncio. Olhamos para a paisagem que se desdobrava diante de nós – o verde e dourado do vale Brandywine em toda a sua glória primaveril, o lago vítreo e o colossal carvalho vermelho que acredita-se ser o mais antigo do estado.

Beau finalmente se virou para mim, com a voz quase inaudível.

— Não o relógio – sussurrou, indicando que não era para o meu Omega que ele estava apontando antes. Ele estava, na verdade, tentando apontar para além de mim, para o panorama à nossa frente, mas não havia conseguido levantar a mão alto o suficiente.

— Linda – disse ele, acenando com a cabeça em direção à paisagem. — Muito linda...

Foram as últimas palavras que ouvi do meu irmão.

Levei Beau de volta para o andar superior, coloquei-o na cama, arrumei seus travesseiros e o beijei. Disse a ele que voltaria pela manhã.

Mas antes de amanhecer recebi outra ligação: agitado e sentindo muito desconforto, ele fora levado de ambulância para o hospital Thomas Jefferson, na Filadélfia, onde o marido de minha irmã Ashley, Howard Kerin, é cirurgião. A condição de Beau não estava muito pior, mas ele também não estava melhorando. Poucos dias depois, ele foi transferido para o Walter Reed, na esperança de que algum tratamento de reabilitação pós-operatória o ajudasse a melhorar.

Quando entrei no quarto, Beau estava claramente sofrendo; ele colocou as mãos sobre seu abdômen em agonia, estava sentindo muita dor. Pareceu demorar uma eternidade para que o pessoal do hospital viesse lhe ajudar. Ele estava muito mal, quase morrendo, e precisou ser submetido a uma cirurgia para resolver uma perfuração do intestino. Eles logo o transferiram para a UTI neurológica, onde os médicos decidiram entubá-lo.

Pouco mais de um mês havia se passado desde nosso tempo juntos em Houston, mas parecia uma eternidade. Me sentei em uma cadeira ao lado da cama de Beau. Sua esposa, Hallie, ficou no quarto ao lado. Ela ia dormir por volta da meia-noite e acordava às 5 da manhã.

O tubo de traqueostomia de Beau foi removido depois que os médicos nos disseram que não havia mais nenhuma chance de recuperação. Nós esperamos.

O tempo passou. Beau não se mexia, mas continuei conversando com ele. Disse que estava tudo bem, que ele poderia ir. Disse que seus filhos, Natalie, com quase 11 anos, e Hunter com 9, ficariam bem, que eles tinham todo o clã Biden para cuidar deles, assim como nós quando mamãezinha e Caspy nos deixaram quando ainda éramos crianças.

Disse que papai ficaria bem.

— Ele é forte, Beau – afirmei. — Ele sabe que precisa ser forte por todos nós.

Prometi que também seria forte, ele tinha ido comigo às minhas primeiras reuniões do A.A., encontrou meu primeiro padrinho e me levou várias vezes para a reabilitação, ele sabia o quanto era difícil. Prometi a ele que ficaria sóbrio. Prometi que cuidaria da família como ele sempre fez. Prometi que seria feliz e viveria a bela vida que imaginamos viver juntos.

Eu não tinha ideia de quantas tentativas fracassadas precisaria antes de finalmente conseguir cumprir essas promessas.

Os 24 Bidens ainda vagavam pelos corredores. Alguns iam para casa para tomar banho, trocar de roupa ou tirar um cochilo rápido e logo depois voltavam. Outros entravam no quarto de Beau e diziam algumas palavras para ele, ou agradeciam a uma dúzia ou mais de médicos, enfermeiras e funcionários que foram tão gentis conosco em tudo.

Beau continuava respirando. De maneira quase imperceptível. Permaneci segurando sua mão.

Minha tia Val e meu tio Jim, irmãos de papai, que praticamente criaram Beau e a mim depois do acidente fatal de carro, entraram e me disseram para sair e tomar um pouco de ar fresco, fazer uma pausa, dar uma volta. Recusei. Eu não queria estar em qualquer outro lugar a não ser ao lado do meu irmão.

Finalmente, quase um dia e meio depois que os médicos deram algumas poucas horas de vida para Beau, papai insistiu para que eu fosse com meu cunhado Howard comprar pizza. Os Bidens estavam com fome. Temia pelo que poderia acontecer, mas fui assim mesmo. Dez minutos depois, assim que entramos no restaurante, meu telefone tocou. Era o papai.

— Volte querido – foi tudo o que ele disse.

A sala estava abarrotada com amigos, médicos e enfermeiras. Papai estava parado perto de Beau, segurando a mão esquerda de seu filho mais velho com as suas e pressionando-a contra seu peito. Mamãe estava ao lado dele, enquanto Hallie e os filhos se abraçavam em lágrimas. As luzes estavam apagadas, mas os últimos raios de sol do fim de tarde passavam pelas cortinas entreabertas.

O monitor cardíaco parou. Dr. Kevin O'Connor, médico pessoal do papai na Casa Branca, deu um passo à frente e solenemente anunciou a hora da morte:

— Dezenove horas e trinta e quatro minutos.

A multidão de entes queridos que cercava Beau – seus filhos, minhas três filhas, nossas esposas, sogros, uma pequena colônia de tias, tios e primos – abriram uma passagem estreita para mim. Passei pela abertura direto até Beau. Peguei sua mão direita, do outro lado da cama onde meu pai estava. Pressionei minha bochecha contra a testa do meu irmão e a beijei. Estendi a mão para pegar a mão do meu pai, que ainda segurava a de Beau. Abaixei-me e descansei minha cabeça no peito do meu irmão e chorei. Papai passou os dedos pelo meu cabelo e chorou comigo. Ele então se abaixou para colocar sua cabeça perto da minha e choramos juntos, ainda mais.

Nenhuma palavra foi dita. Nossos soluços foram os únicos sons ouvidos.

Então, em meio a esse desespero insuportável, senti o peito do meu irmão se expandir ligeiramente. Em seguida, senti um batimento cardíaco. Eu olhei para o papai, seus olhos lacrimejantes e vermelhos, e ele sussurrou: "Ele ainda está respirando". Virei-me para os médicos para dizer a mesma coisa. Eles olharam para mim com uma mistura de pena e preocupação. Um respondeu gentilmente:

— Não, Hunter, sinto muito, mas seu irmão está...

O monitor cardíaco o interrompeu. Voltou a funcionar. Ninguém mais na sala reagiu. Não tenho certeza se alguém mais percebeu o que estava acontecendo, tão perdidos que estavam em dor.

Quero que saibam que não acho que Beau tenha ressuscitado milagrosamente. Achei que ele voltou apenas por um momento – como se tivesse esquecido a carteira ou as chaves do carro – para que ambos pudéssemos seguir em frente. Ele voltou tempo suficiente para que eu lhe dissesse o que ele já sabia e o que já havia dito, apenas mais uma vez.

Que eu o amava. Que eu sempre estaria com ele. Que nada poderia nos separar, nem mesmo a morte.

Então ele respirou fundo pela última vez e foi embora para sempre.

O dr. O'Connor anunciou a hora da morte mais uma vez:

— Dezenove horas e cinquenta e um minutos.

CAPÍTULO DOIS

RÉQUIEM

Enterramos Beau sete dias depois.

Pessoas em luto sentadas lado a lado na Igreja Católica Romana de St. Anthony of Padua, na Little Italy de Wilmington. A igreja foi construída por seus fiéis, muitos deles imigrantes recém-chegados e artesãos altamente qualificados; a construção do prédio principal foi concluída em 1926. A igreja St. Joseph on the Brandywine, a que costumamos ir, construída a um quilômetro e meio de distância por trabalhadores de um moinho de pólvora, não era grande o suficiente para acomodar todos. Ainda assim, mesmo na St. Anthony, os convidados ficaram amontoados no salão.

Entre os presentes estavam o presidente Barack Obama e sua família, Bill e Hillary Clinton, o ex-procurador-geral Eric Holder e o senador John McCain, que morreria três anos mais tarde por conta do mesmo tipo de câncer que levou Beau.

O chefe do Estado-Maior do Exército, general Raymond Odierno, principal comandante dos Estados Unidos no Iraque durante o tempo em que Beau serviu, presenteou meu irmão com uma medalha póstuma da Legião de Mérito. Chris Martin, do Coldplay, um dos músicos favoritos da Natalie e do pequeno Hunter, cantou "Til Kingdom Come". O único acompanhamento enquanto cantava e tocava violão no altar foi o órgão de tubos da igreja.

Outras milhares de pessoas prestaram homenagens em solenidades públicas nos dois dias que antecederam a missa. A primeira aconteceu na capital do estado, em Dover, onde o caixão de Beau, coberto pela bandeira dos Estados Unidos, repousava no Salão Legislativo. O segundo foi dentro da St. Anthony. Filas serpenteavam pelos quarteirões ao redor do edifício enquanto minha família e eu ficamos horas em cada uma delas – era a única maneira de poder agradecer a todos. Nos abraçamos, demos as mãos e ouvimos histórias e mais histórias sobre Beau e o significado que ele deu à vida das pessoas.

As multidões representavam todo o estado de Delaware e muito mais: brancos, negros, pardos; italianos, irlandeses, poloneses, judeus, porto-riquenhos, gregos. Algumas crianças foram trazidas no colo por seus pais, outros foram conduzidos em cadeiras de rodas por seus filhos ou cuidadores.

Era muita gente, colegas antigos de escola: do papai, do Beau e meus. Pessoas com quem trabalhamos ou com quem havíamos feito campanha. Estavam presentes pessoas com quem cruzávamos diariamente na rua ou que nos serviram um almoço em algum restaurante local. Barbeiros que tinham cortado nossos cabelos pela primeira vez. Pediatras que haviam feito nossos primeiros exames e os ortodontistas que colocaram nossos aparelhos. Vi enfermeiras que trabalharam no Hospital St. Francis do dia em que nascemos até o dia em que quebrei meu pulso pela terceira vez jogando futebol no primeiro ano do Ensino Médio.

Havia professores, membros de sindicatos, portuários e trabalhadores da indústria automobilística, senadores e vereadores. Estava presente uma mulher, com mais de 90 anos de idade, que havia trabalhado quase que sozinha na quixotesca campanha eleitoral do papai em sua primeira candidatura ao Senado. Havia outros que o ajudaram nessa mesma campanha ou em cada uma das campanhas que vieram a seguir. Pessoas que batiam de porta em porta e entregavam folhetos para ajudar, a cada seis anos, por quase quatro décadas.

Vi o jovem trabalhador com síndrome de Down com quem Beau parava para conversar todos os dias. Vi também a família do sujeito que insistia, todo os verões, para que Beau e eu engolíssemos um grilo no piquenique do sindicato dos trabalhadores de amianto (ainda não tenho ideia do porquê). Membros do A.A. de quem Beau se tornou próximo enquanto me acompanhava nas reuniões vieram porque eram bons amigos de Beau, e não porque ele era meu irmão.

Praticamente todos com quem tivemos contato e nos envolvemos tinham uma história pessoal para contar ou um afeto para transmitir.

Me tocaram de maneira especial as palavras das pessoas que eu sabia que já tinha encontrado em algum momento, mas não era capaz de dizer exatamente onde nem quando. Elas contavam histórias de como as histórias de nossas famílias haviam se cruzado de maneiras tão improváveis e profundas, muitas vezes com meu pai no centro delas.

Um homem me contou sobre uma vez em que papai lhe dera carona na beira da estrada à meia-noite, quando o carro dele ficou sem gasolina. Uma mulher se lembrou de uma ocasião em que papai ligou para ela após a morte de um ente querido de sua família, apenas para lhe dar condolências. Ela queria retribuir essa consideração. Um casal ainda estava comovido com a conversa que tiveram com papai logo após terem perdido um filho em um acidente de carro causado por um motorista embriagado. Disseram que as palavras de papai continuam dando a eles esperança e vontade de seguir em frente.

A comoção reafirmou o vínculo singular nascido a partir da tragédia pública da morte de minha mãe e da minha irmã. As consequências desse acidente afetaram todo o estado. Republicanos, democratas – não importava. Os moradores de Delaware depositaram suas tristezas e esperanças em um jovem viúvo arrojado que de repente se viu sozinho com duas crianças. Nossa sobrevivência se tornou uma fonte de orgulho em todo o estado. Beau e eu nos tornamos primos, sobrinhos, filhos adotivos de todos.

Agora, a morte de Beau tão jovem, partindo antes que pudesse cumprir suas promessas, tornava-se outro chamado para se reunirem ao nosso redor e oferecerem qualquer conforto que pudessem.

Não consigo nem contar os inúmeros cartões de oração e medalhas que foram colocados nas minhas mãos, cada um acompanhado por uma explicação ou uma diretiva. Uma senhora me deu uma medalha de São Bartolomeu, que ela disse ser o padroeiro que faz alguém tomar o lugar de outro. "Você tem que levar a vida do seu irmão adiante", ela me disse, apertando minha mão. Esse era um sentimento recorrente (mais tarde, descobri que São Bartolomeu também é o santo padroeiro dos açougueiros, encadernadores, pessoas que trabalham com couro e daqueles que sofrem de distúrbios do sistema nervoso).

Depois chegaram as famílias que nos contaram como Beau as aconselhou durante os processos de crimes sexuais, uma prioridade durante seus oito anos como procurador-geral do Estado. Esse foco foi destacado pelo terrível caso do molestador de crianças em série Earl Brian Bradley, um pediatra que molestou mais de cem crianças, incluindo uma de três meses de idade, um caso que chegou a somar mais de quinhentas acusações. Beau encarou o caso de forma tão pessoal que sua determinação para prosseguir com o processo contra Bradley foi uma das razões pelas quais ele se recusou a concorrer à antiga cadeira de meu pai no Senado dos Estados Unidos, em 2010.

Em 23 de junho de 2011, Bradley foi condenado em todas as acusações e sentenciado a quatorze penas consecutivas de prisão perpétua – somadas a 164 anos de prisão – sem a possibilidade de liberdade condicional.

O trabalho de Beau teve efeitos para além da sua área de atuação, se estendeu para fora dos tribunais. Um amigo nosso de longa data, um sindicalista durão de quarenta e poucos anos, aproximou-se de mim e confidenciou: "Seu irmão fez que eu parasse de pensar em me matar".

Discretamente perguntei sobre o que ele estava falando. Ele ficou perdido por um momento, pois achava que Beau havia revelado sua história para mim. Ele então contou como havia sido molestado repetidas vezes por um padre, trinta e cinco anos antes. O padre já havia morrido, mas Beau era a única pessoa para quem ele contara sobre o ocorrido. O sujeito ficou sabendo naquele momento o que todo mundo que já tinha confiado em Beau sabia: você podia contar a ele seus segredos mais profundos e sombrios, e ele jamais o julgaria.

Conversar com todas aquelas pessoas na fila de homenagens proporcionou a mim e ao resto da minha família incrível alento em um momento terrível. Se há uma resposta possível a respeito de qual o impacto de uma vida bem vivida, ela foi dada em alto e bom som pelas legiões que passaram pelo caixão de Beau naqueles dois dias.

Nossa família fez o que sempre faz em momentos de crise, seja política ou pessoal: cada um assumiu um papel.

Papai e eu lidamos juntos com o planejamento, desde decisões sobre quem falaria nas homenagens até como e quando responder aos líderes de todo o mundo. Papai ficava sentado na varanda por horas e atendendo ligações de líderes atuais e antigos de todos os continentes e países. Todos tinham afeto por ele; não apenas respeito, mas verdadeiro afeto. Assim, cada conversa tornava-se mais do que apenas transmitir condolências. Incluía uma história sobre quando "você trouxe o Beau e o Hunter para Berlim" ou como "fiquei impressionado com o Beau quando ele falou sobre a corrupção na Romênia quando foi procurador-geral" ou ainda "não sei se você se lembra de quando minha sobrinha morreu, mas você estava lá por nossa família".

Na maior parte do tempo fiquei na casa de Beau em Wilmington, a menos de 1 quilômetro da casa do papai. Atendi a admiradores, respondi a condolências e recebi os amigos que paravam para ver Hallie e seus filhos.

Devido ao pouco tempo e às constantes interrupções, meu pai e eu não tivemos a oportunidade de nos sentar para ter uma conversa franca, para falar sobre como nos sentíamos. Nós dois choramos muito – vi papai chorar na varanda depois de quase todas as ligações que ele atendeu. Houve momentos em que simplesmente nos abraçamos, como se estivéssemos nos segurando, silenciosamente, percebendo que era tudo o que podíamos fazer, que não havia palavras para tirar a dor. Palavras pareciam arriscadas demais naquele momento. Eu estava morrendo de medo do que a morte de Beau poderia fazer com o papai, e ele morrendo de medo de como ela me afetaria.

Ambos, cada um à sua maneira, temia o que poderia acontecer.

No meio de tudo aquilo, trabalhei no discurso de despedida do Beau. A ideia de escrevê-lo ampliou ainda mais as emoções que eu estava vivenciando e a perspectiva de escrever para um público tão grande e diversificado só tornou a perda de Beau ainda mais aguda.

Mas essas preocupações diminuíram assim que comecei a escrever, e acabaram por desaparecer. Apesar do tamanho e do valor desse discurso público, percebi que o estava preparando apenas para uma pessoa: meu irmão. Que se dane, eu sabia que ele ficaria contente com qualquer coisa que eu escrevesse – era meu irmão, era Beau. Então, comecei a escrever os parágrafos e os lia para ele em voz alta. Ele e eu os corrigíamos e os melhorávamos juntos – foi isso que senti que acontecia. Fiquei surpreso com a facilidade com que tudo aconteceu.

Passamos por vários momentos importantes em nossas vidas, começando lá no início: quando acordei ao lado dele no hospital. Eu queria que todos entendessem a imensidão de nossa conexão, mas também senti a responsabilidade de reconhecer a enorme conexão que muitos outros compartilhavam com meu irmão. As reações e as homenagens que recebemos naquela semana ressaltavam isso.

Escrever um discurso em tributo a ele foi ao mesmo tempo de partir o coração e libertador.

Era esse o efeito que eu esperava que tivesse nos outros. Era esse o efeito que eu desejava que tivesse em nosso pai.

Quando terminei de escrever, não o li para o papai. Eu queria que ele o ouvisse pela primeira vez dentro da igreja St. Anthony.

O primeiro discurso foi feito pelo general Odierno, com a lapela do seu uniforme repleta de medalhas. Ele falou sobre o caráter e a abnegação de Beau quando serviu no Iraque e sobre suas raízes morais e éticas quando foi procurador-geral do Estado. Ele trouxe à tona o "carisma natural" de Beau, e sobre o quanto outros, fossem eles soldados ou civis, "voluntariamente queriam segui-lo".

Por fim, ele expressou um sentimento que praticamente todos que conheciam Beau compartilham.

— Ele sempre foi comprometido com sua comunidade, com seu estado natal – enfatizou o general de quatro estrelas – e com uma nação que eu acreditava que um dia Beau Biden iria liderar.

Quando ele terminou, o general Odierno deu um passo à frente do caixão de Beau, ficou imóvel por um longo momento e então o honrou com uma saudação firme e lenta.

O presidente Obama foi o próximo. Sobre o altar salpicado de rosas brancas e hortênsias e iluminado pelo brilho suave que entrava pela rosácea do santuário, o presidente elogiou Beau por quase 25 minutos. Falou com a mesma solenidade e calma que havia marcado seus discursos nos últimos sete longos anos. Sua voz alcançou até mesmo os convidados mais distantes dentro do salão lotado. Fez que todos os convidados sentissem que ele estava falando diretamente com cada um deles.

Muitos elogios em seu discurso foram dirigidos ao meu pai, em um momento lhe chamou de "irmão".

Beau e eu admirávamos imensamente o presidente, não apenas pela maneira como ele tratava nosso pai, mas também pela maneira como tratou nossa família (ele era meu presidente acima de tudo, e era também o treinador de basquete da minha filha Maisy.) Mas era complicado, embora nada disso estivesse passando pela minha cabeça naquele momento. As brigas internas e a politicagem natural da Casa Branca às vezes atingiam meu pai. Sempre que eu ficava sabendo que algum assessor do governo havia tentado desacreditar meu pai, levava para o lado pessoal – talvez até demais. Então, eu não ficava muito na Casa Branca; eu não queria estar em um churrasco no domingo com o presidente e sua equipe da Casa Branca depois de ter lido sobre como alguém havia tentado prejudicar meu pai. Eu sabia que não conseguiria controlar meu temperamento e manter a boca fechada.

Kathleen, no entanto, havia se aproximado de Michelle Obama, e nossa filha Maisy e a filha dela Sasha eram boas amigas desde o segundo ano na Sidwell Friends, onde ambas estudavam. Kathleen e Michelle treinavam juntas na academia de ginástica e costumavam tomar coquetéis na Casa Branca após o expediente, tanto em eventos formais quanto de maneira informal. Eu tivera uma recaída dois anos após a eleição e não me sentia nem um pouco confortável naquele ambiente, e muitas vezes tinha a impressão de que havia pessoas que não se sentiam confortáveis perto de mim.

Mas a presença dele no velório de Beau era pessoal e não política, e o presidente ficou à disposição do meu pai, do meu irmão e do resto de nossa família naquela manhã. Sou muito grato a ele por isso.

O presidente começou citando o poeta irlandês Patrick Kavanagh:

"Um homem é original quando fala a verdade que sempre foi conhecida por todos os homens de bem." — Beau, disse ele, com razão – era um original, "um homem que amou profundamente, e foi amado em troca".

Ele falou sobre o acidente que levou nossa mãe e nossa irmã, e como isso moldou a vida de Beau e de todos nós.

— Para Beau, uma reviravolta cruel do destino veio cedo – disse ele. — Mas Beau era um Biden. E ele aprendeu cedo a regra da família Biden: se você tem que pedir ajuda, já é tarde demais. Isso porque você nunca está sozinho, você nem precisa pedir, alguém sempre vai estar lá quando você precisar.

O presidente ressaltou a atitude afetuosa mas decidida do meu pai após a tragédia, sobre como ele continuou no serviço público (Mike Mansfield, o líder mais antigo na história do Senado, convenceu meu pai a não renunciar ao cargo durante aqueles dias entre o acidente e o juramento de posse), e como ele evitou "os jogos políticos de Washington" viajando de volta todos os dias para sua casa em Wilmington para dar um beijo de boa noite em seus filhos e vê-los sair de manhã para a escola.

— E como o próprio Joe certa vez confessou – acrescentou o presidente — ele não fez isso apenas porque as crianças precisavam dele. Ele fez isso porque precisava daquelas crianças.

O presidente Obama seguiu mencionando as realizações de Beau, chamando-o de "um soldado que se esquivou da glória", um promotor "que defendeu os indefesos" e aquele "raro político que fez mais amigos do que inimigos".

Ele o resumiu, com uma risada carinhosa:

— Ele até se parecia e falava como o Joe, embora eu ache que o Joe seria o primeiro a reconhecer que Beau era um upgrade, uma versão 2.0 do Joe.

— Beau era... alguém que encantava, desarmava, deixava você à vontade – continuou o presidente, fazendo um inventário despreocupado da essência tanto da figura pública quanto da privada do Beau. — Quando ele tinha que comparecer a uma festa chique de arrecadação de fundos com pessoas que se levavam muito a sério, ele apenas se aproximaria e sussurraria algo totalmente inapropriado em seu ouvido. O filho de um senador, um major do Exército, o procurador-geral mais popular de Delaware – sinto muito, Joe, mas ele não deixaria de dançar com um "sombrero" na cabeça e uma sunga ridícula no Dia de Ação de Graças, se isso fizesse as pessoas que ele amava darem risada.

— Mas, acima de tudo, ele era um dedicado servidor público, que mantinha sempre um bloco de notas no bolso para anotar os problemas de todos que o abordavam e resolvê-los quando voltasse para o escritório.

— Este era um homem que, na Convenção Nacional do Partido Democrata, não passava todo o tempo no salão bajulando doadores – continuou ele. — Em vez disso, Beau ficava brincado nas escadas rolantes da arena com o filho, para cima e para baixo, repetidas vezes, sabendo que, assim como Joe havia aprendido, aquilo era o que realmente importava na vida.

O presidente fez uma pausa antes de continuar, como se antecipando a mudança política que se aproximava. "Você sabe, qualquer um pode fazer seu nome nesta era de *reality shows* na TV, especialmente na política atual. Se você for barulhento ou polêmico o bastante, você pode conseguir um pouco de atenção. Mas ter um nome associado à dignidade e à integridade – isso é raro."

Perto do final, o presidente pegou emprestado outro verso do mesmo poeta irlandês que ele citara no início. Este sintetizou a tristeza que todos nós sentíamos, mesmo enquanto sorríamos com as maravilhosas lembranças de Beau:

"E eu disse, deixe a dor ser uma folha caída no amanhecer do dia." O presidente desceu do altar e foi até meu pai, que se levantou para receber um abraço longo e intenso. O presidente então beijou meu pai na lateral da cabeça – um gesto de irmandade – antes de finalmente se separarem.

Minha irmã discursou após o presidente. Acompanhei-a até o altar e fiquei ao seu lado, em uma demonstração de união fraterna para Beau. Ela é engraçada, adorável, esperançosa e comovente – a típica irmã mais nova.

— Quando eu estava na primeira série, fiz um desenho do que me fazia mais feliz – disse Ashley, que era dez anos mais nova que Beau. — E nele estava de mãos dadas com meus dois irmãos.

Ela afirmou que nos via quase como um, da mesma forma como Beau e eu nos víamos: dois lados da mesma moeda.

— É impossível falar sobre o Beau sem falar sobre o Hunter – declarou. — Eles eram inseparáveis e compartilhavam um amor incondicional. Embora Beau fosse um ano e um dia mais velho, Hunter era o vento sob as asas de Beau, Hunt deu-lhe coragem e confiança para voar... Não houve uma decisão em que Hunter não tenha sido consultado, nem um dia se passou sem que eles conversassem, e nenhuma estrada foi percorrida sem que um fosse o copiloto do outro.

— Hunter era o confidente de Beau – afirmou. — Sua fortaleza.

Ashley rapidamente compartilhou de nossa conexão. Como acontece com quaisquer bons irmãos, nós a amávamos e ela nos irritava na mesma proporção.

— Era verdade naquela época e permanece sendo uma verdade até os dias de hoje: me sinto a irmã caçula mais sortuda do mundo por ter sido criada e educada por dois homens extraordinários – disse ela. — Embora, como meu marido às vezes gosta de dizer, eles não leram todo meu manual de instruções.

Ashley então lembrou dos eventos que foram marcos aos olhos de uma irmã caçula, incluindo o fato de que Beau e eu a apresentamos a seu futuro marido, Howard, depois que o conhecemos em um evento para arrecadação de fundos para a campanha Obama-Biden de 2008.

Beau e eu escolhemos o nome Ashley quando ela nasceu, e ela sempre se referiu a nós como Beauie e Huntie. Ela costumava sair tanto conosco quando estávamos no Ensino Médio e na faculdade que nossos amigos a apelidaram de "flea" ["pulga"]. A única condição que Beau impunha para ela era cantar "Fire on the Mountain" do Grateful Dead. Aos 8 anos, às vezes ela passava a noite no apartamento da faculdade com o Beau.

Ashley relembrou nossas viagens anuais no feriado de Ação de Graças a Nantucket, quando "meus irmãos vinham me pegar na escola, nós nos amontoávamos no Jeep Wagoneer e viajávamos por sete horas – meu passeio de carro favorito".

O ano anterior havia sido muito duro para ela, assim como fora para todos nós, mas ela também viu uma bênção em poder estar ao lado de nosso irmão durante aquela fase final de sua vida. Ela falou sobre o que chamou de "privilégio trágico" de acompanhar Beau às consultas de quimioterapia todas as sextas-feiras. Geralmente paravam depois das sessões para tomar café da manhã, e Beau a fazia ouvir o que ela passou a considerar sua música tema: "You Get What You Give", do New Radicals. Ela leu a letra da canção para os convidados na igreja lotada, que ficaram fascinados.

Este maldito mundo pode despedaçar-se
Você ficará bem, siga seu coração.
Você está em perigo, e eu logo atrás.

— Pensando bem – concluiu Ashley, acho que Beau não colocava essa música para tocar durante nossas manhãs para ele, mas para mim. Para me lembrar de não desistir ou deixar a tristeza me consumir, nos consumir.

Ela então resumiu:

— Enquanto eu tiver o Hunt, também tenho você. Então, Beauie... nos veremos. "Te amo muito".

Ashley e eu nos beijamos e nos abraçamos. Eu não poderia estar mais orgulhoso. E sabia que Beau também estaria muito orgulhoso.

Ela deixou todos tranquilos, inclusive a mim. Ao tomar lugar no púlpito e abrir minhas anotações, me senti calmo – estranhamente calmo. Tenho medo de falar para grandes multidões. E estava ciente do quanto todos se preocupavam comigo, e não apenas naquele momento. Senti uma preocupação geral sobre o efeito que a morte de Beau teria sobre minha sobriedade. Em outras circunstâncias, essa preocupação só aumentaria minha ansiedade.

Mas não.

Com milhares de pessoas me encarando e o culto sendo assistido por milhões de pessoas pela TV, eu me senti abraçado e protegido por minha família: Ashley, mamãe e papai, minhas tias e tios, primos, minha esposa e filhas – todos eles estavam lá comigo, todos estavam lá para mim.

E havia o Beau. Desde o dia em que ele morrera, ainda não parecia que ele havia partido.

Depois de agradecer aos palestrantes que discursaram antes de mim e reafirmar o amor de Beau por Ashley, "Ele amava o jeito que você ria. Ele amava o seu sorriso", falei diretamente para os filhos de Beau. Eles estavam sentados no banco da frente. Repeti o que dissera a eles durante toda a semana: que seu pai sempre estaria com eles em uma parte deles, e que nossa família os amaria e os protegeria da mesma maneira que amou e protegeu a mim e a seu pai.

— Natalie – continuei, ele é a parte em você que a faz ser tão carinhosa e compassiva. Ele é a razão que a faz ser tão protetora do seu irmão, da mesma forma que ele me protegia.

— Hunter, Robert Hunter Biden II – ele nos uniu para sempre. Você era a calma e foco dele. Você é muito parecido com seu pai, sabe, ver vocês dois pescando no final do cais era como ver duas imagens da mesma pessoa.

— Assim como a tia Valerie sempre esteve presente para seu pai e para mim – assim como tínhamos os tios: Jimmy, Frankie, Jack, John e mamãe e papai, você tem suas tias Ashley, Liz, Kathleen, a Poppy e a Mimi e a vovó e o vovô, e todos sempre estarão ao seu lado. Nós os cobriremos de amor, um amor tão grande e belo. O mesmo amor que seu pai e eu recebemos, agora vai estar focado em vocês.

Eu não fazia ideia de como aquilo se tornaria tão complicado.

Eu contei a história sobre quando Beau e eu éramos crianças e ele segurou minha mão no quarto do hospital, e como não havia sido a única pessoa que ele amparara ao longo dos anos em momento de crise: sobreviventes de abusos, pais de soldados mortos, vítimas de crimes violentos – ele esteve lá por todos.

— Há milhares de pessoas contando essas histórias nesse exato momento – exclamei. — Contando histórias de quando Beau Biden segurou a mão de cada uma delas.

— Ele era luz – continuei falando tanto para mim mesmo quanto para os que estavam dentro da igreja. — Uma luz que você podia tocar. A luz que refletia no Lago Skaneateles ao nascer do sol, uma claridade que faria você flutuar, pureza contagiante. Ele era luz não apenas para sua família, mas para todos aqueles que o tinham como amigo.

— Meu único crédito com relação ao meu irmão – disse eu a todos que já foram tocados por Beau – é que ele segurou minha mão primeiro.

O tempo não existia enquanto lia o meu discurso. Eu não fazia ideia há quanto tempo estava lá em cima (22 minutos naquele ponto). Não me preocupei se as pessoas estavam gostando ou o que estavam achando do texto.

"Quarenta e dois anos atrás – eu concluí – acredito que Deus nos deu um presente. Ele poupou meu irmão daquele acidente, lhe deu tempo suficiente para que pudesse sentir o amor de mil vidas. Deus nos deu um menino que não tinha limites para o amor.

"Da mesma forma como tudo começou, acabou: com sua família ao seu redor. Todos o abraçando. Cada um de nós o segurando, cada um de nós sussurrando: 'Eu amo você. Amo você. Amo você'. Eu segurei a mão dele quando ele deu seu último suspiro. Eu sei que fui amado e sei que a mão dele nunca vai soltar a minha."

Quando terminei o discurso e voltei para o meu assento, papai se levantou e me beijou. Então sussurrou em meu ouvido:

— Lindo.

Senti esperança depois daquela longa semana. Notei que as pessoas ficaram esperançosas por mim. Parado por horas nas filas para agradecimento, senti que uma a cada três pessoas que cumprimentei me encorajou a voltar para Delaware e concorrer ao cargo.

Kathleen e eu voltamos para Washington na manhã seguinte ao funeral de Beau. Apenas nós dois. Sintonizamos o rádio na estação da Universidade da Pensilvânia. Beau e eu crescemos ouvindo essa rádio. Estavam transmitindo uma longa homenagem para Beau, um ex-aluno de 1991.

Depois de algum tempo, parei o carro e disse a Kathleen que talvez a política agora fosse uma opção para mim.

— Sabe, por pior que eu me sentisse, havia um sentimento de propósito – disse. Parecia que muitas pessoas estavam mais dispostas a perdoar meus erros do passado – recaídas com bebida, dispensa administrativa da Reserva da Marinha –, do que eu estava disposto a perdoar a mim mesmo.

Mas eu subestimei o quanto a devastação que causara no passado e tudo o que fizera minha família passar ainda pesavam sobre Kathleen.

Suponho que a resposta dela "Você está falando sério?" tenha sido justa. Não tocamos mais no assunto até o final da viagem. Na verdade, nunca mais.

CAPÍTULO TRÊS

CRESCENDO COMO UM BIDEN

Meu pai acreditava que Beau poderia um dia ser presidente e que ele chegaria lá com a minha ajuda.

Parecia ser algo natural. Fomos criados em meio à política assim como garotos de fazenda são criados em meio à plantação. A regra que Beau e eu tínhamos quando crianças era que podíamos ir com nosso pai para Washington quando quiséssemos, embora houvesse um limite subentendido para não faltarmos à escola muitos dias seguidos. Então, duas ou três vezes por mês, pegávamos o trem com ele para o Capitólio e passávamos o dia lá. Era mais como visitar a casa de parentes de fora da cidade do que estar em uma daquelas excursões escolares em que as crianças ficam agitadas. As pessoas que trabalhavam para meu pai e com ele eram como tias e tios substitutos. Não era incomum que alguém como Bill Cohen, por exemplo, um representante republicano do Maine (e mais tarde secretário de defesa de Clinton), pegar o trem de volta para Wilmington com papai, jantar conosco e passar a noite em casa.

Eu me sentava no colo de papai durante as reuniões de equipe ou saía com Beau para ir à academia de ginástica do Senado no Russell Senate Office Building, que para nós era apenas um grande e irregular playground grego moderno com uma piscina. Beau e eu às vezes íamos para a sauna a vapor, onde encontrávamos Howell

Heflin, senador democrata do Alabama, de orelhas grandes e que se parecia com um urso, sempre mascando seu charuto enquanto conversava com o jovem e atlético Ted Kennedy e com o envelhecido Strom Thurmond.

Sempre que nos viam, gritavam: "Ei, garotos!" – nós sempre éramos as únicas crianças por ali – e nos acomodávamos em algum canto próximo para escutar. Em meio ao turbilhão de vapor, a sala se enchia com um coro melódico de ideologias conflitantes – democratas conservadores, liberais e republicanos inflexíveis como rocha. Para nossos jovens ouvidos, aquela tagarelice era tanto música quanto politicagem.

Éramos figurinhas carimbadas no refeitório do Senado, conhecíamos todos os garçons. Papai sentava-se conosco sempre que podia, pedia o prato de atum com trigo e chamava para conversar quem quer que estivesse por perto. Se papai se afastasse, sempre havia um senador para ficar tomando conta da gente enquanto eu tomava sopa de feijão branco e comia um sanduiche de bacon (Beau sempre pedia queijo grelhado e batatas fritas). Dan Inouye, do Havaí, contava histórias sobre seus companheiros do Exército durante a Segunda Guerra Mundial. Não conectei essas histórias à manga da camisa e do paletó costurada na altura do ombro até anos depois, quando escrevi uma tese na faculdade sobre o heroísmo do senador ao liderar um ataque na Itália com o 442º Regimento de Infantaria composto integralmente por nipo-americanos. Ele perdeu o braço direito na explosão de uma granada.

John Glenn, o astronauta que se tornou senador de Ohio, nos via à espera de papai e gritava: "Ok, rapazes, subam ao meu gabinete". Ele nos levava até lá para nos mostrar os modelos do seu foguete, o Projeto Mercury, ele apontava para dentro da espaçonave Friendship 7, nos dizia onde ficou sentado e como foi ser um dos primeiros americanos a orbitar a Terra e olhar os oceanos e continentes do espaço. Nós apenas ficávamos observando, com os olhos arregalados e as bocas abertas.

Aprendemos algumas lições valiosas ao longo do caminho, especialmente na época em que nosso pai era novato o bastante para ter mentores e receber ensinamentos, bem ao estilo de Washington. Lembro-me dele nos contando sobre um tutorial que recebera de Mike Mansfield, o antigo líder da maioria no Senado de Montana, não muito tempo depois de assumir o cargo.

Jesse Helms fora eleito para o Senado no mesmo ano que papai. Quando a Lei de Reabilitação, uma precursora da Lei dos Americanos com Deficiências, foi introduzida, em 1973, o conservador obstinado da Carolina do Norte – com seu sotaque melífluo – subiu no palanque do Senado para falar sobre o grande absurdo federal que representaria a aprovação dessa lei. Papai ficou tão irritado que depois respondeu com seu próprio discurso em alto e bom som, perguntando como alguém podia ser tão insensível, indiferente e mesquinho a ponto de se opor a uma lei tão magnânima e necessária.

Mais tarde, Mansfield chamou papai ao gabinete. "Iron Mike" – quieto, cortês, infalivelmente persuasivo – definiu sua lei não escrita, mas inviolável: você pode questionar a opinião de um colega, seja ele democrata ou republicano, mas você nunca deve questionar os motivos dele. Todo mundo vem ao Senado por um motivo, ele continuou, mas ninguém chega aqui com o propósito de ser mesquinho ou antiamericano. A opinião de alguém pode estar errada, mas seus motivos não estavam abertos a questionamentos, especialmente em uma questão tão delicada como esta.

Para esclarecer seu ponto, Mansfield contou uma história sobre Helms. Vários anos antes, Jesse e sua esposa, Dot, que estavam casados há vinte anos e eram pais de duas filhas adolescentes, haviam lido, em uma manhã perto do dia de Natal, um artigo no jornal sobre um órfão de 9 anos com paralisia cerebral. A matéria dizia que o menino estava em uma cadeira de rodas e que tudo o que queria de Natal era uma mãe, um pai e um lar de verdade. Jesse e Dot decidiram então, segundo a história de Mansfield, adotá-lo e trazê-lo para fazer parte da família deles.

— Você pode questionar a opinião – repetiu Mansfield, mas, certamente, pode ver que não deve questionar os motivos dele.

Papai aprendeu rápido que, se você não questionar ou evidenciar o caráter de seu oponente, ele muitas vezes pode mudar de opinião ou chegar a um acordo. Ninguém sai de uma reunião quando você diz: "Não acho que você entende as consequências do que está fazendo. Pessoas não terão acesso a itens básicos necessários à sobrevivência". Isso gera debate. Mas se você disser a um oponente: "Você é apenas um idiota mesquinho que claramente tem preconceito contra pessoas com deficiência" – então, caso a outra pessoa for Jesse Helms, ou qualquer outra pessoa, a conversa acaba ali.

Essa lição tornou-se algo primordial para meu pai e para a nossa família, e algo que muitos políticos até hoje não aprenderam. O resultado é a atmosfera tóxica que abriu a porta para alguém como Trump, que desde então faz o oposto disso. Os motivos de Trump podem e devem ser questionados pois, caramba, na maioria das vezes ele proclama categoricamente seus motivos. E acredite, os motivos dele não são nobres.

Testemunhando o dia a dia do Senado desde meus 3 anos de idade, notei a evolução dos políticos que entraram naquela Câmara sendo conservadores radicais e mais tarde votaram em questões de cunho liberal. Isso não acontece porque tenham mudado de ideologia, mas porque aquilo era a coisa certa se fazer – como decretar o dia de Martin Luther King Jr. feriado nacional, como apoiou Strom Thurmond, ou se posicionar a favor de uma extensão da Lei de Direito ao Voto, como fez John Stennis, um convicto segregacionista do Mississippi.

Até Jesse Helms, que certa vez declarou que a AIDS era "o castigo de Deus para os homossexuais", apoiou o envio de verbas para combater a AIDS na África nos últimos anos dele no cargo.

Homens e mulheres chegam ao Senado com uma visão de mundo bastante pessoal, mas é difícil permanecer nesse cargo por algum tempo e não ser exposto a outros pontos de vista e diferentes opiniões, pois está cada vez mais difícil não ser empático – pelo menos era assim antes do trumpismo e seu discurso fomentador do ódio. Agora, grande parte dos analistas políticos mais experientes pensam que aqueles dias de bipartidarismo ficaram para trás. Espero que não seja verdade. Jeff Flake chegou ao Senado como opositor da direita do Arizona a John McCain, e olhe para ele agora: um crítico ferrenho do trumpismo.

No meio do turbilhão político ao meu redor, tento permanecer otimista. Nem sempre tenho sucesso. Liguei a TV no meio da tarde um dia desses e vi Lindsey Graham, um senador cujo gabinete fica do outro lado do corredor, considerado há muito por meu pai e minha família como um bom amigo, se transformar em um cãozinho de estimação do Trump bem diante dos meus olhos. Caluniando a mim e a meu pai das formas mais frias, cínicas e egoístas possíveis.

Beau e eu não crescemos em Washington. Não éramos amigos dos filhos dos outros senadores. Principalmente no início, íamos de trem com nosso pai de Wilmington até o Edifício Russell, em uma viagem de uma hora e meia, e depois voltávamos, e era isso – nossa criação em Washington foi até esse limite.

Minha casa era Delaware. Foi ali que a política nos moldou e possibilitou que conhecêssemos todo o estado como as palmas de nossas mãos. Delaware é muitas vezes vista como um estado sem importância por grande parte das pessoas que não são de lá, e por razões óbvias: com menos de um milhão de habitantes, é o sexto menor estado do país em população e o segundo menor em área, atrás apenas da pequenina Rhode Island. É difícil de localizar o estado no mapa se você não estiver procurando por ele, espremido entre a Pensilvânia, Maryland e Nova Jersey.

No entanto, Delaware é subestimada, um microcosmo dos Estados Unidos e fundamental para o surgimento de meu pai no âmbito nacional. A história, a cultura e a política do estado refletem aspectos associados a diversas regiões maiores. É ao mesmo tempo um subúrbio do nordeste da Filadélfia, um berço da agricultura do Sul e das relações raciais, uma fatia do Meio-Oeste industrial e um cinturão econômico centrado no porto, como tantas outras áreas acima e abaixo do Atlântico em sua região central.

O atrito entre o norte e o sul do estado é antigo e complexo. Delaware foi um estado escravista que nunca deixou a União, com a maioria de seus cidadãos pegando em armas contra a Confederação. Era uma intersecção da Ferrovia Subterrânea – chegou a ter um número bem maior de escravos em liberdade do que em cativeiro, na proporção de dez para um. No entanto, apesar de ter sido a primeira das treze colônias originais a ratificar a Constituição, foi a última abolir a escravidão.

Há uma vibrante comunidade afro-americana em Wilmington, cuja população de pouco mais de 70 mil habitantes tem uma das maiores porcentagens de residentes negros per capita do país. Louis Redding, o primeiro afro-americano admitido na Ordem dos Advogados de Delaware, fazia parte da equipe jurídica que desafiou a segregação escolar no caso Brown versus Board of Education.* A cidade explodiu em raiva reprimida na década de 1960, e os pastores das igrejas frequentadas pelos negros da cidade formaram fortes laços durante o movimento pelos direitos civis com os pastores negros do extremo sul.

O histórico comparecimento eleitoral de Wilmington em 1972 foi o principal motivo – ao lado dos instintos políticos de minha mãe – que ajudou papai a conquistar sua cadeira no Senado. Havia a convicção na comunidade negra, o que continua sendo verdade, lá e em outros lugares, de que "Joe é o nosso cara".

---

* Brown contra o conselho de educação, um caso marcante julgado pela Suprema Corte dos Estados Unidos em 1954. Determinou a inconstitucionalidade das divisões raciais entre estudantes brancos e negros em escolas públicas do país. (N. do P.)

Embora seja possível que as diferenças não sejam hoje tão marcantes como antes, o Estado permanece dividido entre norte e sul, ou acima e abaixo do Canal de Chesapeake e Delaware. A parte norte se considera mais sofisticada, um complemento da Filadélfia e do corredor Nordeste. É lá onde estão 60% de todas as empresas listadas na Fortune 500, em grande parte devido ao antigo Tribunal de Chancelaria do Estado, um órgão judicial especial que governa as disputas de direito corporativo de forma expedita e sem um júri.

É também uma área há muito dominada pela família du Pont, cuja riqueza proporcionou a eles controle absoluto sobre a indústria e a política local. Com uma fortuna que teve início com a fabricação de pólvora e explosivos e depois se expandiu para produtos químicos e carros, os du Pont dominaram o cenário político do estado ao longo dos séculos XIX e XX.

A família também deteve o controle acionário da General Motors de 1917 a 1957, quando a Suprema Corte dos Estados Unidos ordenou que ela se desfizesse de suas ações uma vez que o controle criava um monopólio que interferia no livre fluxo do comércio. Outro sinal da paixão da família por carros: a DuPont Highway (Rotas 13 e 113 dos Estados Unidos), que corta o estado de norte a sul e foi construída por T. Coleman du Pont para melhorar o transporte para fazendeiros e outras empresas de Delaware. Mas para também lhe proporcionar uma estrada ampla e tranquila para suas longas viagens aos domingos.

A parte de baixo do estado é tradicionalmente mais rural, branca e sulista. Se você tivesse crescido no condado de Sussex, simplesmente afirmaria ser da parte "de baixo do canal". Os fazendeiros produzem milho, soja e criam frangos para corte, e a quantidade dessas aves supera o número de residentes do estado na proporção de 200 para 1.

Beau e eu participávamos de tudo. Reuniões sindicais e piqueniques do Partido Democrata fizeram parte de nosso crescimento tanto quanto casinhas em árvores e festas do pijama. Antes que pudéssemos andar, mamãezinha nos levava em cestas de piquenique para comícios e encontros de campanhas. Íamos de porta em porta agradecer, era um estado onde literalmente você poderia bater em todas as portas. À medida que fomos crescendo, Beau e eu ficávamos em frente da Igreja Episcopal Metodista Africana de Betel em Wilmington, esperando o término dos cultos de domingo para que pudéssemos apertar as mãos dos paroquianos negros que saíam das grandes portas vermelhas da igreja de pedra. Acompanhávamos papai na zona rural do condado de Kent, passando por pessoas cujas famílias eram donas das mesmas granjas há mais de cem anos. Dirigiríamos para o sul, para o condado de Sussex, onde Beau e eu dávamos lances por uma torta de creme de coco (a favorita do pai) em leilões realizados por igrejas para arrecadação de fundos ou em escolas. Às vezes, éramos os únicos a dar um lance.

Embora a maioria dos sulistas considere Delaware como um estado do Norte, uma comunidade como a de Gumboro, perto do Great Cypress Swamp, que realiza todo ano o Gumboro Mud Bog [Corrida de carros na lama], é tão sulista quanto uma pequena cidade da Geórgia.

Dada toda essa diversidade, é fácil rastrear a capacidade política aparentemente inata de meu pai, e mais tarde de Beau, de se relacionar com pessoas de todas as origens, raças e tendências ideológicas. Crescer em Delaware não lhe garante o entendimento de que o estado é um microcosmo. Mas quando você cresce em Delaware e é filho de Joe Biden, não tem muita escolha. Você não apenas aprende a se relacionar com todos os tipos de pessoas como também compreende o que as motiva, o que desperta o interesse delas e do que realmente precisam.

Foi esse estado que adotou Beau e eu quando nossa mãe morreu.

Beau e eu nunca sofremos de fato a perda da nossa mãe e da nossa irmã caçula.

Nunca pensamos que era algo que devíamos lamentar.

Claro que isso se deve em parte ao fato de que éramos muito jovens. Mas, mais do que isso, foi por causa da heroica comoção da família de nosso pai, que nos cercou e nos envolveu com grande amor.

Beau e eu conversávamos sobre isso à medida que crescíamos – como éramos sortudos apesar da tragédia. Quase ficávamos com vergonha de admitir qualquer tristeza que pudéssemos sentir por estarmos envolvidos em um acolhimento familiar tão intenso. Seria praticamente uma traição dizer que sentíamos falta de nossa mãe, pois, desde o momento em que deixamos o hospital, a irmã do meu pai, a tia Val – mudou-se para casa e não apenas cuidou de nossas necessidades diárias, mas também foi tão amorosa e compassiva quanto uma figura materna. O irmão do meu pai, o tio Jimmy, transformou nossa garagem em uma suíte para que ele pudesse estar mais presente em nossas vidas. Nossos muitos outros tios e tias também cuidaram de nós, bem como nossos avós – ainda me lembro da minha avó com sua mão macia no meu rosto, acariciando minhas costas na cama, ou me trazendo uma tigela com sua sopa caseira de carne e vegetais.

Acho que nunca de fato me dei conta da violência do incidente, independentemente se o criei em minha mente como uma memória real ou se ele ainda permanece enterrado em meu subconsciente. O fato é que aconteceu, e nós, Beau e eu, estávamos lá.

A única coisa que ele e eu nunca perguntamos um ao outro foi: "Do que você se lembra?". Não sei por quê, nem sei se alguma vez tivemos vontade de saber.

Acho que ambos absorvemos aquele dia e suas consequências de maneira semelhante, mas os efeitos se manifestaram de forma diferente em cada um de nós. Acredito que o trauma e estresse contribuíram para os problemas de saúde do meu irmão. Ele manteve muita coisa guardada dentro de si. Não importa se via as coisas de maneira positiva, acho que de alguma forma ele pagou o preço.

Quanto a mim, quero deixar claro: não vejo aquele momento trágico como o principal causador dos comportamentos que me levaram a me tornar um dependente químico. Isso seria uma desculpa. Mas tenho uma compreensão melhor do porquê me sinto assim. O desconforto que vivenciei em momentos de dificuldade, especialmente perto de outras pessoas – em reuniões sociais, trabalhos políticos, encontros aleatórios, na escola, em um aeroporto ou durante uma reunião. Esses eram lugares solitários para uma criança estar, e é um lugar solitário para se estar ainda hoje. Esse tipo de insegurança é quase universal entre aqueles com problemas reais de abuso de substâncias – uma sensação de estar sozinho em meio à multidão.

Sempre me senti sozinho em meio à multidão.No entanto, embora não falássemos sobre isso quando crianças, eu tinha total consciência da morte da mamãezinha – e da ausência dela. Eu adorava ouvir as histórias que contavam sobre como ela era especial, sobre quão durona e compassiva ela era. Eu segurava as fotos dela enquanto descreviam para mim o quão inteligente, decidida e bonita ela era. A palavra que ouvi com mais frequência foi "elegante", tanto em seu comportamento quanto em sua aparência física. Ela parecia ser algo próximo à realeza, mas totalmente acessível. Ela era leal, uma visionária política e uma força inabalável por trás da ascensão do papai em Washington aos 29 anos idade – absurdamente jovem.

Mas eu não fazia ideia de quanto sua perda representou no quebra-cabeça da família – uma peça essencial. Apesar da lacuna ter sido preenchida por algo muito especial, o que foi perdido nunca foi recuperado. Era como se alguém tivesse rasgado um pedaço de uma pintura e a substituído por uma linda imagem remodelada.

Nossa família continuou sendo um lindo retrato. Crescemos com a tragédia e nos unimos a partir do intenso desejo de que Beau e eu ficássemos bem. No entanto, para mim, essa peça original sempre esteve ausente, nunca foi encontrada.

Quando nosso pai se casou novamente, cinco anos após "o acidente", a forma que usamos para nos referir ao que aconteceu, ele nos deu um presente – a mãe que temos agora ("Quando 'nós' vamos nos casar?" Beau e eu importunávamos papai, constantemente o encorajando a pedi-la em casamento). Uma professora de Ensino Médio de Willow Grove, Pensilvânia, Jill Biden, fez um trabalho incrível ao assumir o papel de nossa mãe – sob o olhar de um grande público. Eu a considero minha mãe tanto quanto isso é possível de ser imaginado.

Mesmo assim, ainda sentia falta do que havia perdido, mesmo que não conseguisse me lembrar direito.

Levei mais de quarenta anos para aceitar aquela perda original, lidar com o trauma e reconhecer a dor. Levou muito tempo para que eu entendesse que fazer isso não seria uma traição àqueles que deram o melhor de si para salvar meu irmão e eu do pior.

Lembro-me de minha infância como algo quase idílico. Passava a maior parte do tempo andando de bicicleta BMX com Beau em estradas pouco movimentadas nos arredores de Wilmington, ou caminhando ao longo dos trilhos da ferrovia e construindo fortes na floresta.

Outras vezes, íamos para a Buck Road para jogar pinhas nos carros. Beau, eu e outro amigo seguíamos algumas regras: Nunca jogar em carros de mulheres ou de idosos. O alvo de maior valor era um adolescente em uma van, mas basicamente nos concentrávamos nossos esforços em pessoas que sabíamos que iriam para os carros para nos perseguir. Havia lugares ao longo da estrada onde podíamos jogar as pinhas e depois nos esconder. Era algo muito estúpido e nós amávamos aquilo.

Às vezes íamos até uma pequena loja de conveniência para gastar o dinheiro que ganhávamos cortando grama. Tomávamos *Coca-Cola*, comíamos cachorro-quente, comprávamos chocolates e depois jogávamos fliperama – Centopeia, Invasores Espaciais – até enlouquecer os funcionários a ponto de nos mandarem embora. Íamos de bicicleta até o posto de gasolina e limpávamos os para-brisas dos carros dos clientes para ganhar gorjetas, deixávamos o dono do posto maluco. Em seguida, íamos para a Gandalf, uma locadora de vídeos em um *shopping center*, e procurávamos vídeos até que conseguíssemos entrar furtivamente na seção de pornografia, escondida nos fundos.

Quando estávamos em casa, jogávamos basquete ou futebol americano um contra o outro, por horas, até um de nós estar esgotado. Nossos amigos vinham nos finais de semana para brincar. No inverno, jogávamos hóquei no lago que ficava atrás de nossa casa. Quando ficávamos entediados fazíamos guerrinha com armas de pressão.

Como a diferença entre os nossos aniversários era de apenas um dia, comemorávamos juntos, alternando o dia da festa a cada ano: 3 de fevereiro em um ano e 4 de fevereiro no ano seguinte. A família toda participava – tias, tios, primos – todos sempre presentes. Alternávamos o menu do jantar também: para mim o empadão de frango que mamãe fazia e, para o Beau, espaguete com almôndegas. Mas, quando chegava a hora de apagar as velas, todo ano havia um bolo de baunilha com cobertura de chocolate para mim e *brownies* (com velas) para o Beau.

As enormes reuniões familiares em casa se repetiam todos os anos na ceia de Natal – tudo isso por causa do meu irmão e de mim, tudo para nos encorajar. Cresci vendo os membros da minha família realizarem as ações mais altruístas em nosso nome, sem nenhum benefício real para eles, e talvez não tenha dado o devido valor a todo esse esforço. Todos se transformaram em heróis em nossa história; todos realizaram atos mágicos. Era uma expressão óbvia do grande amor que tinham por meu pai, que compreendeu a raridade de algo tão especial: o trauma nos deu um ao outro de presente.

Beau sempre achou que me proteger era parte do seu papel como irmão mais velho. Ele e mamãe faziam piadas o tempo todo, em geral comigo ou sobre mim, de modo bem divertido. Eu era mais sensível, ou talvez apenas menos maduro, e as piadas me deixavam confuso quando eram direcionadas a mim. Minha nova mãe estava fazendo um ótimo trabalho, ainda mais com todos os olhares sob ela. Só fui compreender mais tarde o tanto que ela nos amava, e sua lealdade eterna e inabalável era apenas um exemplo disso. Mas a dinâmica e o ritmo do funcionamento de nossa casa foram se tornando um pouco diferentes. Fiquei confuso com isso. Comecei a causar problemas na escola, mas nada alarmante, apenas uma pequena e tola rebeldia.

Entre o terceiro e o quarto ano, fui transferido da escola Quaker Wilmington Friends para a St. Edmond's Academy, uma escola católica só para meninos. Naquele ano, Beau estava indo do ensino básico para o fundamental na Wilmington Friends. O prédio ficava do outro lado da rua, então não estudaríamos no mesmo prédio de qualquer maneira. Não me lembro exatamente por que queria me transferir; talvez ainda estivesse muito sensível com tudo. Meu melhor amigo no Wilmington Friends tinha fibrose cística, um menino chamado David que todos tinham certeza de que não passaria dos 18 anos de idade. Eu ficava na sala com ele enquanto ele tomava seu remédio durante o recreio e cada um de nós ganhava uma guloseima. Saíamos para o pátio para aproveitar os últimos minutos de liberdade, mas algumas crianças nos provocavam sem pena nem dó.

Não me saí tão bem na St. Edmond's. Acho que ainda detenho o recorde da escola pela maior quantidade de advertências. Na quinta série, uma vez pedi licença para ir ao banheiro, onde encontrei dois amigos. Começamos a brincar, jogando papel higiênico um no outro e ficando em cima das divisórias enquanto urinávamos. O sr. Fox, um professor que eu não suportava, entrou e ficou possesso com o que viu. Eu sabia que estava encrencado, então decidi fugir.

Eu também sabia que Beau ficaria arrasado se eu o deixasse. Então, escrevi uma carta que era tão melodramática quanto sincera.

Caro Beau, amo você mais do que tudo no mundo, mas não posso mais ficar aqui. Eu um dia vou voltar e encontrar você, mas agora eu tenho que ir. Por favor, não me procure.

Então, me escondi embaixo da cama. E pouco tempo depois, ouvi Beau chorar, dizendo à nossa mãe entre soluços que ela fora a razão de eu ter fugido. Papai ligou e ela disse que iria com Beau me procurar. Depois que eles saíram, esgueirei-me para fora e subi em uma árvore no quintal. Continuei lá mesmo depois que Beau e mamãe voltaram para casa. Beau estava arrasado, e ver o quanto meu irmão sentia minha falta fez que eu me sentisse melhor. Senti-me como Tom Sawyer assistindo ao seu próprio funeral.

Então meu pai voltou para casa. Não sabia o que fazer. Não podia ficar escondido em cima da árvore a noite toda. Finalmente desci e entrei em casa, preparado para o pior. Mas todos ficaram aliviados quando me viram são e salvo.

Além disso, mamãe me disse que também não gostava muito do sr. Fox, o que me deixou muito feliz.

Fui transferido de volta para a Friends no ano seguinte.

Na maioria das noites, sentados à mesa de jantar, o tipo de educação que recebíamos era outra. É difícil pensar em algum acontecimento relativo à política ocorrido ao longo da minha vida do qual papai não tivesse feito parte. O resultado disso foi que tivemos acesso a um entendimento especial da história, na perspectiva de um de seus protagonistas. Quando grandes questões eram abordadas enquanto comíamos – controle de armas com a União Soviética, sanções econômicas contra a África do Sul – quase sempre vinham acompanhadas das perguntas: "Qual é o seu plano, pai? O que você vai fazer?".

Beau e eu adorávamos as elaboradas palestras dele sobre eventos atuais, geralmente citando fatos históricos de séculos atrás e terminando com as personalidades e dinâmicas da política atual.

As conversas sobre a política cotidiana de Washington – os posicionamentos assumidos em torno das principais lutas políticas e legislativas – eram corriqueiras, pois isso tinha impacto direto na carreira de nosso pai, algo em que meu irmão e eu nos envolvemos intimamente. Ambos queríamos que ele concorresse à presidência. Nós dávamos a ele um milhão de razões pelas quais ele venceria, o que nem sempre era o conselho mais imparcial, uma vez que vinha de filhos que achavam que seu pai era capaz de caminhar sobre as águas.

Sua campanha primária para a indicação pelo Partido Democrata à presidência, em 1987, quando éramos adolescentes, terminou pouco depois de ter começado. Ficamos arrasados. Ele foi acusado de plágio quando utilizou algumas poucas partes de um discurso proferido por Neil Kinnock, o líder do Partido Trabalhista britânico, sem citá-lo. Na verdade, papai havia citado Kinnock em uma dúzia de outros discursos. Foi um trabalho político de difamação bem-sucedido feito na era pré-Clinton, quando um único erro era capaz de afundar uma campanha. No ambiente de hoje, dificilmente teria relevância.

Foi horrível, para Beau e para mim, ver o homem que idolatrávamos ser humilhado publicamente em uma escala tão ampla. Eu até tentei bater em alguns intrometidos que zombaram do papai durante um jogo de futebol americano universitário de Beau na Penn. Os amigos de Beau entraram para apartar a confusão. Embora o fim da campanha tivesse claramente um efeito sobre ele, papai não se abalou. Ele desistiu de concorrer naquele mês de setembro, e depois fez o que sempre faz diante das adversidades: arregaçou as mangas e voltou ao trabalho.

Éramos filhos de um senador, e uma família comum de classe média. Tínhamos uma bela casa em Wilmington que outrora pertencera a um du Pont, mas cuja manutenção exigia muito trabalho. Papai fechava metade da casa com *drywall* nos meses de inverno porque não tínhamos dinheiro para manter toda a área aquecida. Ele mesmo usava um equipamento de segurança para retirar o amianto dos canos do porão. Papai, Beau e eu pintávamos uma das faces da casa nos verões; quando eu era pequeno, papai me segurava pelos tornozelos do lado de fora das janelas do terceiro andar para que eu pintasse o beiral do telhado. Quando todas as quatro faces estavam prontas, a frente já precisava ser pintada novamente e começávamos tudo de novo. Plantamos ciprestes já adultos, com quase 2 metros de altura, ao redor do terreno, que tinha mais de um hectare e meio, para fazer uma cerca viva. Se Beau e eu não terminássemos de cortar a grama no fim de semana, ao voltarmos para casa da escola, víamos o papai com um cortador de grama, no escuro, com as luzes externas acesas, indo de cima para baixo até terminar.

Comecei a trabalhar aos 11 anos, cortando grama das casas da vizinhança com Beau, e não houve um único verão em que não tivéssemos um emprego. Meu primeiro emprego com registro foi no Zoológico de Brandywine. Limpava pilhas de esterco de lhama da minha altura e desentupia o ralo da piscina das lontras, que as vezes me atacavam enquanto os visitantes observavam tudo através de um vidro, como se eu fizesse parte do espetáculo.

Beau e eu também trabalhamos em um armazém refrigerado. Começamos na sala de inspeção, onde um sujeito do Departamento de Agricultura dos Estados Unidos tirava seis caixas aleatórias de um vagão cheio de pedaços de carne congelada com mais de 30 quilos cada, oriundas da Austrália e da Nova Zelândia. Cortávamos uma grande fatia com uma serra, a embalávamos em um plástico, a descongelávamos em um tanque de água quase fervente e depois a entregávamos ao inspetor.

A partir daí, progredimos em direções distintas.

Beau se tornou um gerente de doca – aquele cara de capacete e jaleco branco que carrega uma prancheta onde marca as remessas que vão para o congelamento. Ele também era o responsável pela papelada que os motoristas de empilhadeira tinham que assinar. Ele trabalhava das 8 às 16 horas e não precisava sujar as mãos. Trabalhou em empregos administrativos durante toda a faculdade.

Beau soube fazer escolhas mais inteligentes desde o início.

No colégio, Beau ficou conhecido como "o xerife". Ele não era apenas o motorista escolhido, mas também o líder escolhido. Os pais sabiam que seus filhos estariam seguros com Beau. Ele não convidava amigos para uma festa se eles bebessem demais; se Beau lhe dissesse para parar de beber, você deveria parar. Ele era o juiz e todos o respeitavam por isso, mas não agia como se fosse a mãe de todo mundo; ele se divertia tanto quanto o resto de nós. Todos nós sabíamos que seu julgamento era sempre o mais correto.

Antes de qualquer coisa, Beau foi amado, em especial por mim. Ele era uma figura envolvente, acessível e impressionante, mesmo na nossa adolescência. Estava sempre sorrindo de forma elegante e autêntica. Ele exalava uma sensação de total confiança em quem ele era, qualquer que fosse a situação.

As pessoas, de todas as idades, simplesmente o seguiam, em qualquer lugar. Ele estava sempre cheio de energia, precisava sempre estar fazendo alguma coisa, fosse praticar esportes ou sair. Ele era capitão da equipe de tênis do colégio e jogava futebol americano universitário. Ele sabia desde o início que estava predestinado à política. Era o que ele queria fazer. Ele era o presidente da sala todos os anos.

Ele também era engraçado, muitas vezes com um senso de humor irreverente. Ele podia ser irônico, mas não maldoso. Ele era competitivo, mas não obsessivo – não era um idiota. Ele era um pouco obsessivo na maneira de se vestir, como usar as mesmas calças cáqui ou *jeans*, camisa polo da Izod ou camisa de botão da Brooks Brothers. Deixava seus sapatos perfeitamente alinhado contra a parede antes de ir para a cama. Ele tinha os cílios longos e aqueles olhos azuis marcantes. Tinha um cabelo lindo. Era um garoto de beleza rara, mas que não deixava as outras crianças ressentidas por sua bela aparência. Em vez disso, todos se sentiam melhor apenas por estarem perto dele.

Ele não evitava conflitos, não se esquivava deles, mas não os criava sem necessidade e os evitava sempre que possível. Discutíamos quando éramos crianças sobre coisas bobas: de quem era a vez de jogar Atari, a que programa de TV assistir, de que lado do sofá cada um ficava. Mais tarde, discutiríamos sobre o melhor caminho para chegar a algum lugar e a que horas deveríamos sair. Beau estava sempre atrasado, sua noção de tempo era péssima. Se faltassem 5 minutos para o horário em que deveríamos estar em algum lugar e o local ficasse a 25 minutos de distância, ele daria de ombros e diria: "Vai dar tempo". Isso me deixava louco.

Mais do que qualquer outra coisa, Beau era divertido. Ele poderia tornar uma situação cotidiana uma experiência grandiosa. Ele amava música, gostava de dirigir e normalmente combinava os dois. Ele ficou maravilhado com o primeiro carro que o papai nos deu, um Caprice Classic conversível 1972 verde com bancos de vinil branco, que ele comprou no leilão de automóveis de Manheim por US$ 2.100. Passávamos muito tempo andando de carro, sempre ouvindo música e cantando. Adorávamos ouvir a rádio WXPN e a estação de rádio universitária da Penn. Seu gosto musical ia de Grateful Dead e Crosby, Stills & Nash aos primórdios do R.E.M. e os Hooters.

Éramos inseparáveis, muitas vezes chamados por um único apelido: *BeauAndHunt*. Fomos juntos a todos os bailes, a todas as festas. Saíamos juntos com garotas em encontros românticos, até mesmo para o baile de formatura. Tínhamos o mesmo grupo de amigos.

Pensávamos da mesma forma, mas agíamos de maneira diferente. Se fôssemos ao ponto mais alto de um penhasco para pular em um poço de água de uma pedreira, nosso instinto era o mesmo: pular. Mas eu não tinha filtro. Eu subiria, olharia para baixo e diria: vamos lá. Beau chegaria à mesma decisão, mas ele era quase clínico. Ele perguntaria sobre a profundidade do poço, inspecionaria as rochas, e no final, saltaríamos juntos. Nossos amigos nos viam como garotos distintos, mas jamais separados. Dois lados de uma mesma moeda.

A maior diferença entre nós: eu bebia, e Beau, não.

CAPÍTULO QUATRO

EMBRIAGADO

A primeira bebida que me lembro de ter tomado foi uma taça de champanhe quando tinha 8 anos. Meu pai acabara de ser reeleito para o Senado, em 1978, e eu estava em uma festa de comemoração na noite da eleição na Archmere Academy, em Claymont, onde papai cursou o Ensino Médio e onde Beau e eu mais tarde também estudaríamos. Peguei um copo, fui para debaixo da mesa e bebi tudo. Eu não sabia o que estava fazendo, de fato – para mim, champanhe era apenas um refrigerante. Eu não estava tentando ficar bêbado; teria sido a mesma coisa se acabasse debaixo da mesma mesa com a boca cheia de bolo. Alguém deve ter visto em algum momento um menino de 8 anos com uma taça de champanhe vazia nas mãos, agindo como um tolo. A próxima coisa que me lembro foi meu avô me levando para fora, em algum lugar perto do campo de futebol, para tomar um pouco de ar fresco e me recompor.

A primeira vez que bebi sabendo o que estava fazendo – ou, mais precisamente, sabendo que não deveria estar fazendo aquilo – foi no verão entre o oitavo e o nono ano da escola. Eu tinha 14 anos e passei a noite na casa do meu melhor amigo, um ano mais velho que eu. Seus pais saíram por algum tempo e nós roubamos uma caixa de cerveja da garagem e bebemos. Quando os pais dele voltaram para casa, fingimos que estávamos dormindo no quarto, porque três cervejas naquela idade deixaram-nos completamente bêbados. Acordei cedo na manhã seguinte para ir à missa das 9 horas me sentindo péssimo. Tive que sair no meio da missa para vomitar. Papai achou que eu estava gripado.

O que é preocupante, olhando em retrospecto, é que o fato de ficar de ressaca e muito enjoado não me assustou nem me desencorajou. Eu, na verdade, achei legal. Embora me sentisse culpado por desapontar meu pai, que não bebia e dizia para ficarmos longe do álcool, eu queria beber de novo.

Pouco tempo depois, Beau e eu fomos para Finger Lakes, como fazíamos todo verão, onde passávamos algumas semanas com nossos avós, os Hunters – os pais da mamãe, Louise e Robert (Robert Hunter é homônimo meu e do filho de Beau). A casa de madeira era rodeada por uma varanda e ficava em um terreno de 32 hectares arborizados no extremo sul do lago Owasco, no coração de God's Country, no interior do estado de Nova York.

Beau e eu amávamos muito nossos avós. Eles nunca superaram a morte da filha, mas nos amavam, e nós os amávamos de uma forma que nos ajudou a continuar a sentir o amor de Neilia por nós. Papai fazia questão de que conhecêssemos bem os pais de nossa mãe. Por isso, passávamos sempre o mês de agosto com o vovô e a vovó no lago Owasco e parte da primavera em sua casa de inverno na Flórida, e isso se deu até entrarmos na faculdade.

Vovô era dono de uma lanchonete no centro da cidade em Auburn, Nova York, um clássico vagão-restaurante prateado no rio Owasco (é possível hoje visitar o vagão e ver fotos dos meus avós na parede atrás das tortas caseiras do balcão). A lanchonete era um ponto de encontro da comunidade, e quando meu avô percebia que alguém estava há muito tempo sem aparecer, ia visitar a pessoa para certificar-se de que estava bem.

Beau e eu só ficamos sabendo da grande generosidade e cuidado de nosso avô com as pessoas quando ele faleceu, em 1991. Em seu funeral, as pessoas se aproximavam dizendo que se não fosse por ele jamais conseguiriam ter pago a faculdade, comprado uma casa, ou iniciado um negócio próprio.

Nossos dias começavam fazendo rondas com o vovô, nós três acomodados no banco da frente de seu Cadillac Eldorado, que mais parecia um iate. Até nossos 11 ou 12 anos de idade, um de nós subia no colo do vovô e ele nos deixava dirigir em uma rua de paralelepípedos; mal conseguíamos enxergar o vidro acima do painel do carro. Visitávamos todos os parentes próximos, começando por nosso bisavô e nossa tia-avó Winona, que não falava muito – ela tinha uma deficiência intelectual – e um sorriso muito doce, que iluminava o mundo sempre que chegávamos.

Também passávamos algum tempo com os dois irmãos da mamãe: tio Mike, que nos levava para pescar, e tio Johnny, um eletricista do Niagara Mohawk que nos levava para acampar por alguns dias em seu trailer.

Beau e eu só descobrimos que eles não eram irmãos biológicos de nossa mãe quando estávamos na adolescência. Eles eram irmãos em todos os sentidos, exceto de nascimento. Na verdade, eram primos de segundo grau dela. O irmão da vovó, um alcoólatra que tinha uma filha cerca de dez anos mais velha que a mamãe, morreu pouco antes do meu nascimento. Ela também tinha problemas com álcool e drogas e tinha dois filhos fora do casamento. Vovô e vovó adotaram os dois logo após seu nascimento. Não acho que eles tenham escondido essa história de nós todos esses anos; nós simplesmente os conhecíamos como os irmãos que foram criados com nossa mãe.

Aqueles verões eram cheios de alegria ao ar livre: passávamos as manhãs com a tia Winona, aprendíamos a jogar lacrosse com o tio Johnny ou íamos para o condado de Skaneateles para ver a tia Grace e o tio Alan, que moravam na casa vizinha à qual nossa mãe crescera. Depois nadávamos no lago a tarde toda ou jogávamos golfe. Parecia que Beau e eu éramos as únicas duas pessoas no campo. Nossa maior alegria era comer depois um Texas Hots – salsichas cortadas ao meio com molho picante – e o sorvete cremoso do Skan Ellus Drive-In.

Fazíamos viagens curtas com o vovô, como para o Hall da Fama do Beisebol em Cooperstown, duas horas de carro no sentido leste. Certo verão, nós três encontramos um barco de madeira submerso que havia sido levado pela correnteza do lago. Nós o arrastamos para fora da água e passamos o verão consertando e calafetando o barco. Quando terminamos, vovô equipou-o com um motor minúsculo e lá fomos nós. Estávamos tão orgulhosos por ter colocado o barco de volta no lago – mas só até o barco começar a encher de água, quando fizemos a volta e tentamos freneticamente levá-lo de volta à margem. O barco afundou exatamente onde o havíamos encontrado.

As memórias daqueles verões ficaram tão enraizadas em nós que Beau e eu voltamos juntos para lá pela última vez no inverno de 2014. Ficamos dois dias no lago, visitamos todos que podíamos. Seis meses depois, Beau estava morto.

As férias do verão anterior à minha entrada no Ensino Médio foram interrompidas logo depois que chegamos. O garoto com quem eu havia bebido aquelas cervejas saiu para passear com uma garota que nós dois conhecíamos. Ele estava bebendo e dirigindo rápido em uma estrada quando perdeu o controle do carro e bateu em uma árvore. Ele sobreviveu, mas a garota não – o tipo de tragédia que deixa a pessoa morrendo de culpa.

Voltei de Finger Lakes mais cedo para ficar com ele. A mãe dele me pediu para voltar, acreditando que eu conseguiria dar ao meu amigo apoio e ao mesmo tempo o espaço que ele precisava. Fiquei com ele o resto daquele verão. Ele chorou todos os dias. E eu fiquei ao seu lado.

Quando as aulas recomeçaram, no outono, acabamos nos afastando. No início não consegui entender o motivo, mas foi porque eu tinha testemunhado meu amigo em seu momento de maior vulnerabilidade e sofrimento durante todo verão – um lugar muitíssimo vergonhoso para um adolescente. Ele compartilhou tanta dor comigo que acredito que minha presença era um lembrete da tragédia. Ele queria retomar sua vida, mas tenho certeza de que ele estava dividido entre querer lidar com aquele incidente e querer seguir em frente.

Meu primeiro ano foi horrível. Fiquei na Wilmington Friends mas Beau foi transferido para Archmere, e tudo parecia estranho. Foi difícil lidar com um amigo próximo virando as costas para mim. Eu tinha apenas 1,49 metro de altura e pesava 40 quilos – em três anos cresci e cheguei a 1,85 metro e 80 quilos. Joguei no time de futebol americano da escola. Era uma escola pequena e quase todos os alunos conseguiam jogar, ainda que apenas participassem dos treinos. Eu adorava futebol americano – o time venceu o estadual naquele ano, mas na época eu era muito baixo e por isso sofri diversas lesões. A sensação era de que eu havia quebrado quase todos os ossos do corpo: meu braço duas vezes, meus dedos, o pulso e torci o tornozelo. Os alunos mais velhos debochavam de mim devido às minhas constantes lesões. E isso doía mais do que os ferimentos.

Eu provavelmente fazia um papel ridículo. Mais tarde, até Beau me apelidou de "Lucas", em homenagem ao personagem do filme estrelado por Corey Haim – um calouro do Ensino Médio magricela e bobo que queria fazer parte do time futebol americano do colégio.

Eu também estava ficando obcecado por garotas, embora não tivesse chegado à puberdade – outra razão para deboche por parte dos jogadores mais velhos. Naquela primavera, fui com um grupo de amigos a uma festa dos alunos do último ano e fiquei completamente bêbado. De repente, me senti à vontade no meio de uma multidão de pessoas que zombaram de mim o ano todo. Aproximei-me da garota mais bonita da escola, estudante do último ano, ela tinha 1,75 metro de altura, e a convidei para o baile de formatura. Ela basicamente me ignorou, mas eu fui zoado por causa disso mais tarde, inclusive por meu ex-melhor amigo.

Mesmo assim, beber foi como uma revelação. Aquilo parecia dar respostas a todas as perguntas sobre por que me sentia daquele jeito. Removeu minhas inibições, minhas inseguranças e, muitas vezes, meu discernimento. Beber me fez sentir completo, preencheu um buraco que eu nem sabia que existia –um sentimento de perda, uma sensação de não ser compreendido ou de não me encaixar em lugar algum.

Eu fui transferido para a Archmere no segundo ano do Ensino Médio. Bebi muito nesses anos – principalmente cerveja ou, ocasionalmente, uma garrafa de qualquer coisa que alguém tivesse roubado do armário de bebidas dos pais – eu não bebia durante a temporada de futebol e ninguém bebia durante a semana. Mas havia todas essas antigas propriedades da du Pont em nosso bairro, e organizávamos festas dentro dessas mansões velhas e ecléticas. Beau ficava preocupado com as minhas bebedeiras, mas ele nunca exigiu que eu parasse. Ele não era uma pessoa implicante e não costumávamos dar ordens um ao outro. Além do mais, eu não estava fora de controle. Nunca dirigia alcoolizado. Beau geralmente era quem dirigia.

Meu último ano foi o mais difícil, do começo ao fim. Beau tinha entrado na Universidade da Pensilvânia e, embora estivesse apenas a 40 minutos de distância, o fato de não ter mais ele em casa representou uma grande mudança para mim. A dinâmica mudou completamente.

Papai abandonou as primárias para presidente do partido Democrata algumas semanas depois que as aulas começaram. Foi algo que gerou decepção e incomodou bastante todos nós. Papai deixou a campanha para presidir o Comitê Judiciário do Senado sobre a controversa nomeação de Robert Bork para a Suprema Corte dos Estados Unidos, um fato com consequências históricas. Foi um dos períodos mais tensos e desgastantes da carreira dele no Senado.

Tudo isso deixou de ser importante com a descoberta do aneurisma do papai, que o derrubou em fevereiro de 1988, menos de quatro meses após a indicação de Bork ter sido rejeitada pelo Senado.

Ele foi levado às pressas para o Walter Reed Medical Center, onde recebeu os últimos preparativos antes da cirurgia. Meu maior medo – perder papai ou Beau – parecia à beira de se tornar realidade. Ele mal havia se recuperado de uma embolia pulmonar que sofrera antes, e mais tarde precisou passar por outra cirurgia por causa de mais um aneurisma – tudo em apenas quatro meses.

Fui ao Walter Reed quase todos os finais de semana para visitá-lo. Ele estava irreconhecível: tubos por toda parte, cabeça raspada, grampos no crânio. Os nervos afetados fizeram com que o lado esquerdo de seu rosto ficasse torto. Eu não tinha ideia de como aquilo ia terminar – da minha perspectiva, nada parecia promissor – e ele realmente não voltou ao Senado por sete meses.

Quando não estava no Walter Reed, eu ficava quase sempre sozinho em casa, Beau estava na faculdade e mamãe passava muito tempo no hospital. Apesar disso, eu estava indo bem na escola, mas, honestamente, não tenho boas lembranças daquele ano.

Então, em junho aconteceu algo difícil de lidar: fui preso por porte de cocaína. Aconteceu logo após o fim do Ensino Médio, durante a viagem de formatura da minha turma em Stone Harbor, Nova Jersey, um encontro anual de jovens idiotas. Eu já havia usado cocaína talvez três ou quatro vezes; uma época na primavera, após a temporada de futebol, alguns caras começaram a usar – embora eu não fosse um dos que usava com regularidade. Mas na segunda noite do feriado, eu estava com um amigo e uma garota da nossa classe em um carro estacionado em frente do local onde acontecia a festa cheirando cocaína. A polícia veio averiguar uma ocorrência, alguém de dentro da festa deve ter denunciado. Os policiais bateram na janela do carro, encontraram as drogas e nos algemaram.

Eu tinha 18 anos. Acabei fazendo um acordo de seis meses de liberdade condicional, e após esse período a prisão foi retirada do meu registro (eu divulguei voluntariamente esse ocorrido durante uma audiência do comitê do Senado em 2006 como parte da minha indicação para o conselho de diretores da Amtrak).

Aquilo me assustou muito – por um tempo. Eu reconheci meu erro e não usei mais cocaína naquele verão, mas usei algumas vezes na faculdade. Beau ficou surpreso ao saber que eu usara cocaína, mas me ajudou a superar o ocorrido.

Eu sabia que tinha decepcionado meu pai. Ele estava se recuperando, ainda estava mal. E embora estivesse chateado, sabia que não havia nada que eu pudesse fazer, por pior que fosse, que o afastasse de mim. Ele era o mais severo entre todos os pais do nosso grupo de amigos: tínhamos horário para voltar para casa, e se ficássemos mais tempo na casa de um amigo tínhamos que ligar à meia-noite para avisá-lo. Mas se eu fizesse alguma besteira que não fosse por maldade ou com intenção de machucar alguém, ele me apoiaria incondicionalmente. Muitos pais se afastam do filho como forma de punição. Esse nunca foi o estilo do meu pai.

O estilo dele era mais punitivo: comecei a trabalhar doze horas por dia como ajudante de pedreiro em uma construção bem atrás da nossa casa. Foi o pior trabalho que já tive. Certa vez, quando eles estavam construindo alicerces de blocos de concreto após uma grande tempestade, tive que entrar na lama até a cintura para marcar onde os blocos estavam. O cara que operava a retroescavadeira retirou uma enorme pilha de lama e água e, quando eu não estava olhando, jogou-a bem em cima de mim. Ele achou aquilo a coisa mais engraçada do mundo.

Quis desistir do trabalho naquele mesmo instante – deveria ter saído. Mas sabia que não podia. Afinal, eu havia feito uma grande besteira em Nova Jersey.

Beau não bebeu até completar 21 anos de idade, obedecendo à lei. Bebeu socialmente por algum tempo e depois parou quando tinha 30 anos. O motivo: papai e sua aversão total ao álcool. Papai cresceu vendo parentes que ele adorava – pessoas inteligentes, eruditos e trabalhadores – conversarem sobre grandes questões intelectuais ao redor da mesa de jantar na casa de sua avó Finnegan. Para mais tarde assistir a tudo se transformar em uma total embriaguez.

Alguns de seus parentes lutaram contra o alcoolismo desde a época do colégio. Ele via isso como um problema familiar de grande importância. Isso o assustou. Ele fez uma escolha consciente de não ser seduzido pela bebida e encorajou Beau e eu a fazermos o mesmo.

Beau conseguiu. Eu não.

Eu estava ansioso para ir para a faculdade. No meu primeiro dia em Georgetown, fui conversar com o treinador de futebol americano. Realizei uma corrida rápida de 40 jardas e ele disse que eu estava aprovado – prova definitiva de que o futebol americano de Georgetown não é futebol americano da universidade do Alabama. Joguei por cerca de duas semanas. Foi horrível. Por um lado, eu era jogador reserva em uma equipe onde todos já se conheciam da pré-temporada. Por outro lado, por causa dos treinos em dois turnos, começando às 6 da manhã, perdia todos os encontros sociais nos dormitórios, onde as pessoas ficavam conversando até tarde. Não sou uma pessoa muito social e acabei não fazendo amigos. Beau fazia parte de uma fraternidade na Universidade da Pensilvânia, mas isso não era uma possibilidade para mim em Georgetown. Além do mais, eu nunca permitiria que alguém decidisse se iria me aceitar ou não. Sabia qual seria minha reação caso isso ocorresse: Vai se foder!

Eu estava com saudades de casa, e papai sabia disso. Ele me ligava inventando alguma desculpa para passar a noite em Washington e me convidava para ficar com ele em um hotel perto do Capitólio. Nós saíamos para jantar. Essa foi a única coisa que tornou meus primeiros meses suportáveis. Embora as coisas tenham melhorado, nunca me adaptei totalmente a Georgetown.

Eu bebia, mas não mais do que os outros caras. Eu tinha uma maneira de manter as coisas sob controle: eu não tinha dinheiro para beber muito, mas encontrei formas de contornar a falta de dinheiro. No Tombs, um bar popular para estudantes, se você tivesse dinheiro para comprar uma jarra e conhecesse o barman, ele a encheria por diversas vezes. Houve dias em que cheguei lá para um brunch com alguns amigos e fiquei no bar até às 2 da manhã.

Nos finais de semana, eu visitava Beau na Universidade da Pensilvânia ou trabalhava em um emprego de meio período como manobrista. Também fiz amizade com vários jovens padres progressistas jesuítas, e me envolvi em vários grupos no *campus* da faculdade. Entre eles o Ágape, um programa de retiros espirituais, e o Centro de Política para Imigração e Assistência aos Refugiados, um dos primeiros grupos de ajuda para imigrantes do país.

Entre o penúltimo e o último anos, passei um mês em Belize com os voluntários jesuítas internacionais – uma espécie de coalizão liderada por jesuítas do Corpo da Paz e do AmeriCorps. Fui com um padre chamado Dziak e nove outros alunos e lá estabelecemos um programa de acampamento de verão para crianças carentes na pequena cidade costeira de Dangriga. Esse programa atualmente foi expandido para diversos outros países.

Outro padre, Bill Watson, encorajou-me a ingressar no Corpo de Voluntários Jesuítas por um ano nos Estados Unidos depois que me formei, afirmando que havia comunidades necessitadas tanto aqui nos Estados Unidos quanto fora do país. Eu me inscrevi imediatamente e fui designado para servir em uma reserva indígena no estado de Washington. Os quatro estudantes voluntários que já estavam lá optaram por ficar mais tempo, então me ofereceram uma vaga em uma igreja em Portland, Oregon.

Trabalhei em um pequeno estoque de alimentos no porão da igreja. Lembro-me de atender a mães solteiras que não tinham comida para a semana, que estavam com o fornecimento de água e luz cortados ou sendo ameaçadas de despejo. Para ajudá-las, ligava para as concessionárias de luz solicitando que religassem a luz para garantir o aquecimento ou conversava com o serviço social para garantir que as famílias não fossem expulsas de suas casas. Mais tarde, eu entregava nas casas mantimentos essenciais da nossa dispensa, principalmente para idosos e mães com filhos pequenos que não tinham meios de transporte. À tarde, ajudava em um programa de contraturno escolar para crianças entre 3 e 6 anos, que os pais buscavam depois do trabalho.

Quando a última criança ia embora, eu pegava um ônibus e cruzava a cidade para chegar à igreja que abrigava um centro de socialização para adultos com deficiência intelectual, muitos dos quais eram veteranos de guerra. Gostava de ir lá por causa da voluntária bonita e loira de Chicago que chefiava o projeto: Kathleen Buhle.

Nos conhecemos durante o treinamento. Havia três casas de voluntários jesuítas em Portland, cada uma com entre seis e oito voluntários. Ficávamos juntos grande parte do tempo. Pegávamos os alimentos que recebíamos, nos sentávamos juntos ao redor da comida e ficávamos conversando por horas. Cada um de nós vinha de diferentes universidades – Kathleen havia se formado na St. Mary's, em Minnesota, mas compartilhávamos da mesma opinião: nossa devoção idealizada à justiça social e fazer do mundo um lugar melhor.

Havia uma tremenda camaradagem. Nossos heróis eram os seis padres jesuítas assassinados em 1989 em El Salvador. Adotamos a teologia da libertação que eles pregavam, considerada radical dentro da corrente dominante da Igreja Católica, que enfatiza a preocupação social e política pelos pobres e oprimidos. Fomos inspirados pela oração ativista: "Toque-me com a verdade que queima como fogo".

Foi libertador. Vivendo a 5 mil quilômetros de distância de onde cresci, me senti livre, como se não precisasse ser a pessoa que todos esperavam que eu fosse. Eu estava mais confiante, me sentia mais perto do meu eu autêntico. Deixei a barba crescer, usava uma jaqueta de couro e andava de ônibus. Sentava-me na livraria Powell Books com dinheiro suficiente apenas para uma interminável xícara de café, depois ia para o Nobby e bebia chope barato. Lia de tudo, de John Fante a Aldous Huxley e Lao-tzu. Meu romance favorito na época era *Correios*, de Charles Bukowski, um livro sobre um bebum miserável – um presságio sombrio de onde minha vida um dia iria acabar.

Durante muitos anos, mantive diários, escrevi poemas e pintei em blocos de rascunho. Gostava da ideia de um dia escrever um livro ou pintar. Agora eu havia encontrado um ambiente que parecia nutrir essa paixão. Papai uma vez me disse que minha mãe, muito antes de morrer, disse que sabia, mesmo quando eu estava em seu útero, que eu seria um artista. Quando eu era criança, passava muito tempo pintando, focado em esboços de figuras e em grandiosos labirintos desenhados em folhas de caderno.

Mais tarde, na minha adolescência e durante a faculdade, compartilhei com Beau poemas que escrevia e às vezes os enviava anonimamente para jornais e revistas. Ele os adorou e me incentivou a continuar. Beau me disse que gostaria de ser cantor e compositor. Papai sempre deixou claro que eu poderia ser qualquer coisa que quisesse, mas nunca tive coragem ou confiança para levar essas atividades artísticas adiante.

Então Kathleen ficou grávida. Nós nos casamos quatro meses depois, em 2 de julho de 1993. Fizemos uma festa de noivado para amigos e familiares na casa dos meus pais, em Delaware, e realizamos a cerimônia uma semana depois em Chicago, na Igreja St. Patrick, em um bairro irlandês conhecido como Old St. Pat's devido ao prédio de tijolos amarelos mais antigo do que o Grande Incêndio de Chicago de 1871. Depois, a festa foi realizada no salão de baile do Knickerbocker Hotel, do outro lado da rua. Todos se divertiram muito. Kathleen e eu estávamos muito apaixonados, teríamos nos casado em breve de qualquer maneira, independentemente da gravidez. Naomi, que leva o nome da irmã caçula que perdi na infância, nasceu em dezembro. Sentia-me totalmente realizado.

Eu também estava em uma encruzilhada. Havia sido aceito na faculdade de Direito em Georgetown, em Duke e em Syracuse. Beau estava no segundo ano em Syracuse, onde papai também se formara em Direito, e já havia decidido seguir carreira no serviço público.

Eu sabia que Syracuse tinha um renomado programa de redação criativa – um de meus escritores favoritos, Raymond Carver, havia lecionado lá e Tobias Wolff, outro escritor que eu estimo, fazia parte do corpo docente. Candidatei-me ao programa MFA (mestrado em artes) e fui aceito. Pensei em obter um diploma conjunto de MFA e Direito.

Tudo começou a parecer um pouco ingênuo. Estudar redação em Syracuse era um sonho que não servia para sustentar uma família. Além disso, não queríamos morar longe de casa com um bebê recém-nascido. A escolha mais adulta era ir para a faculdade de Direito em Georgetown e esquecer a formação artística.

Foi isso que fiz. Voltei para Georgetown, embora minha primeira escolha fosse a faculdade de Direito de Yale, onde não fui aceito. Depois do meu primeiro ano, candidatei-me novamente a Yale e incluí entre os documentos da inscrição um poema que escrevi – algo que todos me desencorajaram a fazer. A carta de admissão de Yale dizia que meu sucesso e dedicação durante meu primeiro ano na faculdade de Direito em Georgetown mais do que me qualificava, mas que meu poema era diferente de tudo o que eles já haviam recebido e foi ele que garantiu minha vaga.

Beau entendeu tudo, mas ainda estava desapontado por não ter dado meu salto de fé e ter ido atrás do meu diploma de MFA.

New Haven, a cidade onde fica a Universidade de Yale, era maçante, tanto acadêmica quanto economicamente.

A vida também era uma festa, da forma que é quando somos jovens e burros demais para saber como as coisas realmente são. Tomei um empréstimo para pagar as mensalidades, hospedagem e alimentação. Comprei livros e comida com o subsídio federal para estudantes. Kathleen, eu e a pequena Naomi morávamos em um minúsculo apartamento com um jardim cuja entrada era por dentro de um porão. O local estava tão degradado que quando papai, tio Jimmy, tio Frankie e Beau chegaram para nos ajudar com a mudança, o tio Jimmy olhou em volta e disse: "Não dá morar num lugar como este". Ele convocou os outros para ajudar a arrancar o carpete que estava lá há mais de trinta anos e pintar as paredes. Trabalhamos 24 horas por dia. Como de costume, o tio Jimmy transformou um muquifo em um lugar bonito e, nesse caso, transformou um aluguel barato em uma casinha pitoresca. Então colocamos nossos móveis, que somava quatro peças.

Kathleen ficava em casa com Naomi, algo que decidimos fazer tanto por necessidade quanto por desejo: não podíamos pagar uma creche. Nos revezávamos colocando a Naomi para dormir e cuidando dela. Tínhamos alguns trocados que eram suficientes para que Kathleen fosse ao cinema nas noites de terça-feira enquanto eu ficava em casa com a bebê, e eu saia às quintas-feiras enquanto ela cuidava da Naomi. Eu normalmente ia a um bar onde conheci uma garçonete chamada Flo. Ela sabia que eu estava quebrado e me dava uma terceira bebida de graça se eu comprasse as duas primeiras.

Nossa vida social se resumia a isso, exceto pelos encontros que fazíamos em nosso apartamento com o pessoal da faculdade, sempre com poucas pessoas. Aparentemente éramos o único casal que tinha um filho.

Eu trabalhava muito. Um dia após a última das provas finais de cada semestre, eu começava o primeiro de dois estágios de verão de oito semanas em dois escritórios de advocacia de Chicago. Voltava para Yale uma semana após o início das aulas para ganhar um salário extra. O dinheiro que eu ganhava nessas dezesseis semanas era tudo o que tínhamos para resto do ano.

Quando me formei em Direito, em 1996, voltamos para Wilmington. Comecei a trabalhar na campanha de meu pai à reeleição para o Senado como gerente adjunto e ao mesmo tempo consegui um emprego no programa de treinamento de gestão executiva da MBNA America, uma empresa líder no setor de cartão de crédito que mais tarde foi adquirida pelo Bank of America. Beau estava trabalhando em Washington para o Departamento de Justiça dos Estados Unidos e logo assumiu o cargo de Promotor Federal no Gabinete do Procurador dos Estados Unidos na Filadélfia.

Trabalhar como um advogado corporativo era o oposto do que eu pensei que faria. Mas eu tinha US$ 160 mil em dívidas estudantis, uma família e nenhum dinheiro guardado. Naquele momento, não fazia diferença receber dinheiro de um escritório de advocacia ou de um banco: o que eu precisava era ganhar dinheiro.

Assim como aconteceu quando recusei a chance de estudar arte em Syracuse, senti que não tinha escolha. Em parte, era o medo do desconhecido. Na minha cabeça, eu não ganharia dinheiro suficiente se trabalhasse para o Departamento de Justiça ou como defensor público, mas a verdade é que pessoas que têm família e dívidas vivem com esse salário. O que eu só entendi mais tarde é que nada que eu fizesse tornaria possível pagar pelo que Kathleen e eu pensávamos que queríamos.

A primeira coisa que fizemos foi comprar uma casa, arranjar um carro decente e colocar Naomi em uma escola particular. Não era uma extravagância, mas estávamos no caminho de estabelecer um estilo de vida que seria difícil abandonar. Cada decisão que tomei depois disso foi baseada em como manter o que eu tinha e em como obter mais. Um boleto da mensalidade da escola particular se transformaria em três, um carro em dois, a hipoteca de US$ 300 mil em uma hipoteca de US$1 milhão. Continuei aumentando os gastos e não sabia como parar.

Naquele ano, depois da faculdade de Direito, compramos uma propriedade construída antes da Guerra de Independência dos Estados Unidos e reformada. Havia sido usada nos últimos tempos como uma república estudantil para dez rapazes com idade entre 18 e 28 anos. Quando nos mudamos, no centro da sala de estar havia uma geladeira com um buraco na porta para a torneira de um barril de cerveja e uma mesa de bilhar na sala de jantar. Kathleen, Beau, papai e eu, com um monte de amigos, começamos a trabalhar na restauração – algo bem parecido com o que papai fez na casa em que crescemos. Nós mesmos instalamos um novo encanamento, reformamos o banheiro, derrubamos paredes e refizemos os pisos. Raspamos, calafetamos, preparamos e pintamos cada centímetro quadrado do local.

Beau mudou-se para o terceiro andar enquanto eu lidava com a hipoteca. Todos que conhecíamos se reuniam em nossa casa. Em 1998, Kathleen e eu tivemos nossa segunda filha, Finnegan, e em pouco tempo Beau começou a namorar uma mulher de cabelos escuros e olhos azuis que conhecemos na adolescência, chamada Hallie Olivere.

Vendemos a casa por um valor duas vezes maior do que pagamos por ela. Eu tinha mais dinheiro no banco do que qualquer Biden em seis gerações. Ajudei meu irmão a pagar seu empréstimo estudantil. Saí da MBNA e consegui um emprego no Departamento de Comércio dos Estados Unidos como diretor executivo de política de comércio eletrônico. Mudamos para Washington e matriculamos Naomi na Sidwell Friends, uma das escolas de mais alto padrão da cidade. A bolha do setor de tecnologia estourou não muito tempo depois, freando os negócios no setor do comércio eletrônico. Então abri meu próprio escritório de advocacia e *lobby*. Trabalhei principalmente para universidades e hospitais jesuítas.

Pouco depois do nascimento de nossa terceira filha, Maisy, no ano 2000, voltamos para Delaware para ficar mais perto da família. Eu mantive minha empresa em Washington, comecei a beber mais depois do trabalho e a perder o último trem para Wilmington com mais frequência. Eu era um alcoólatra funcional – conseguia beber cinco vezes mais do que qualquer outra pessoa, mas estava então bebendo até mais tarde e não estava voltando para casa a tempo de levar as crianças para a escola no dia seguinte.

Tentei parar de beber quando voltamos para Washington, em 2003. Eu parava por trinta dias, depois bebia muito por três dias seguidos. Eu não estava conseguindo me controlar.

Sabia o que queria e o que não queria. Queria construir um negócio de sucesso. Queria que meu irmão fosse eleito procurador-geral. Queria correr uma maratona e participar de uma prova de triátlon. Queria escrever um livro e pintar. Eu não queria ser um pai ausente. Não queria ter problemas na relação com Kathleen por causa da bebida.

Mais tarde naquele ano, com Kathleen sem saber o que fazer, me internei no Crossroads Center, um programa de reabilitação em Antígua. Fundado cinco anos antes por Eric Clapton, o Crossroads segue a abordagem dos doze passos criada pelos Alcoólicos Anônimos. Fiquei lá um mês. Funcionou.

Apesar das raízes musicais de uma celebridade e do cenário caribenho, o Crossroads era um lugar bom, mas sem requinte algum. Em um alojamento térreo simples, com cerca de vinte quartos, oferecia vagas sociais para quem não podia pagar a internação e admitia qualquer pessoa que morasse na ilha. Não havia massagens diárias ou idas ao mercado. Não havia telefones nem computadores. Todos tinham um colega de quarto, arrumávamos nossa cama, lavávamos nossa roupa e ajudávamos nas tarefas domésticas.

Eu não sabia o que esperar daquilo. Queria me livrar da compulsão pela bebida, mas não tinha ideia de como fazer isso. Aos 33 anos de idade, não conseguia imaginar como ocupar meu tempo sem coisas relacionadas ao álcool: beber depois do trabalho, beber no jantar, beber em festas, beber enquanto assistia aos jogos de futebol aos domingos...

Fiquei impressionado com a benevolência, a simplicidade e as promessas do programa. Fiquei incrivelmente comovido pelas histórias angustiantes e pesadas contadas por pessoas de diferentes origens e formações. Eles haviam passado pelo inferno pessoal, alguns infligiam dor a si mesmos. Mas todos contavam histórias de traumas que me deram uma nova sensibilidade e melhor compreensão sobre o que estava sendo trabalhado ali. Quando saí, aprendi a encarar a vida de uma maneira que não envolvia a necessidade de mudar o equilíbrio químico do meu cérebro. Aprendi que poderia preencher o tempo sem precisar beber.

Quando cheguei em casa, Beau me pegou no aeroporto e no dia seguinte me acompanhou à minha primeira reunião dos A.A., em Dupont Circle. Seria muito assustador ir até lá sozinho.

A presença de Beau me ajudou muito. Era uma reunião aberta, ou seja, não era preciso ser um alcoólatra para participar. Depois, todos ficaram para o café e os membros mais antigos se apresentaram aos recém-chegados. O objetivo era encontrar um padrinho o mais rápido possível – alguém que tivesse passado por tudo e pudesse me ajudar a ficar sóbrio usando as ferramentas dos doze passos do A.A.

Se eu tivesse ido sozinho, certamente teria saído de lá imediatamente e ido direto para casa. Mas Beau insistiu para que ficássemos. Ele ficou andando e conversando com todo mundo. Quando dei por mim, ele já havia me apresentado a Jack, que seria meu padrinho pelos próximos sete anos e que salvou minha vida durante aquele período.

Política não é o negócio da família – servir é. Mas a política está ligada em grande parte a esse servir e precisa de decisões calculadas, de quando concorrer, para que cargo concorrer e como fazer campanha.

Sempre foi difícil para mim e para Beau avaliar as melhores opções para a carreira política dele próprio enquanto a carreira de nosso pai continuava a crescer. Estávamos totalmente envolvidos nas coisas que o papai fazia na política – candidatura ao Senado, eleições presidenciais, a escolha de ingressar na chapa do Obama – ao mesmo tempo que planejávamos uma estratégia própria para Beau.

Beau foi eleito procurador-geral de Delaware em 2006 e, dois anos depois, a cadeira de papai no Senado ficou vaga quando ele deixou o cargo para ingressar no governo Obama. O caminho natural era o governador democrata nomear Beau para o Senado até que uma eleição especial fosse realizada, dois anos depois, para a qual Beau seria o favorito.

Beau não quis. Ele queria ter sua própria identidade e não ser visto como alguém ligado ao pai, um proeminente político. Assim, o nomeado foi o amigo do papai e seu chefe de gabinete de longa data, Ted Kaufman. Não havia ninguém mais qualificado para ser senador dos Estados Unidos do que Ted, que também era um dos confidentes mais próximos de Beau e como um tio para nós dois. Quando a eleição especial se aproximou, Beau tinha acabado de voltar do Iraque e não queria se distanciar da sua família, ainda mais depois de ter ficado fora por um ano. Ele pretendia concorrer para governador, provavelmente nas eleições de 2016, e nós dois desejávamos isso acima de tudo.

Beau e eu sempre soubemos que papai não se aposentaria até que fosse eleito presidente dos Estados Unidos. Era o sonho coletivo de nós três. Nunca falamos isso abertamente, mas sabíamos que essa seria sua trajetória.

Quando papai teve que tomar a decisão de unir-se a Obama como seu vice-presidente, Beau e eu pesamos os prós e os contras disso. Minha reação inicial foi: "Você é um dos senadores mais poderosos, é presidente do Comitê de Relações Exteriores e pode traçar um caminho próprio". A reação de Beau foi menos impulsiva e mais analítica, bem ao estilo daquele garoto que ponderava se deveria ou não pular do topo do penhasco no lago da pedreira. "Recusar o convite do candidato do seu partido em uma eleição histórica não seria positivo – nada convencional", aconselhou. "O trabalho do vice-presidente será aquilo que você fizer ele ser."

Como sempre, Beau, Ashley e nossa mãe éramos os únicos no recinto quando papai tomou sua decisão. Juntos na casa de meus pais, no escritório dele, com a lareira, os sofás Chesterfield e a parede forrada de livros, todos concordamos que papai tinha o poder de persuasão e lealdade inata para exercer com excelência aquela função. Acreditávamos que ele se tornaria o vice-presidente mais influente de todos os tempos. Isto é, isso sem considerar Dick Cheney, que tinha a vantagem de poder manipular um comandante ingênuo.

Em novembro de 2009 tivemos um rápido vislumbre da intensidade da nova posição do papai e de sua capacidade de adaptação.

Foi um momento tenso, o auge de um debate interno na Casa Branca sobre o aumento do número de tropas americanas no Afeganistão. No entanto, papai manteve a tradição de décadas de passar a semana de Ação de Graças em Nantucket com a família. Beau havia retornado do Iraque há apenas dois meses. A casa em que ficamos tornou-se, na verdade, um anexo da Ala Oeste da Casa Branca, lotada de assessores, militares e agentes do serviço secreto.

Sentados nas poltronas em uma sala com painéis de madeira da Nova Inglaterra, Beau e eu testemunhamos tudo, exceto pelos momentos em que informações confidenciais eram trocadas: o estresse das vidas em jogo, combates políticos ferrenhos do mais alto nível e a melhor característica da personalidade de nosso pai em ação, agindo de forma vívida e frenética.

Foi um momento crítico para ele. Um passo em falso poderia tornar seus próximos três ou sete anos longos e desconfortáveis. O grau de poder do vice-presidente depende do que o presidente permite e, naquele primeiro ano, a relação entre meu pai e o presidente Obama ainda não estava totalmente estabelecida.

Papai ficou frustrado. Ele sentiu que estava sendo enganado por pessoas da Casa Branca, do Pentágono e do Departamento de

Estado. Ele arriscou opor-se ao aumento de tropas, o que o deixou em desacordo com a Secretária de Estado Clinton, o Secretário de Defesa Robert Gates e o General Stanley McChrystal, que assumiu o comando no Afeganistão e pressionou por mais 40 mil soldados.

Agora havia a dificuldade de estar trabalhando a partir de uma linha telefônica segura a 800 quilômetros de distância.

Ele caminhava pela sala enquanto falava de maneira exaltada com Hillary Clinton. Quando terminaram, ele desligou o telefone e virou-se para nós, irritado.

— Maldição – exclamou papai, usando-nos como uma forma de avaliar e elucidar seus pensamentos. — David Axelrod entrou na mente dela!

Beau e eu tentamos minimizar a irritação dele.

— O que ele sabe, pai?

— Ele sabe bastante, retrucou papai.

O telefone tocou novamente: era Tony Blinken, conselheiro de segurança nacional do papai. Papai o colocou em modo de espera para atender outra ligação, do senador John Kerry. Kerry disse que McChrystal estava persuadindo Obama naquele mesmo instante em que falavam ao telefone.

— Mas que droga!

Uma breve pausa e papai começou a explicar o argumento de cada um, quais eram os interesses, quais deles eram puramente políticos e quais tinham visão estratégica para o futuro. Ele falou sobre as implicações para o Oriente Médio e o que isso significava para a estabilidade da Otan.

Era quase como se ele tivesse retomado de onde paramos na mesa de jantar.

Ele então usou outra linha telefônica e teve uma longa discussão com o primeiro-ministro da França – ele o conhecia bem. Enquanto isso, faxes (sim, ainda havia fax na época) chegavam enquanto militares entravam e saíam da sala para garantir que as linhas de comunicação com a Casa Branca estivessem seguras. Isso aconteceu durante horas.

A certa altura, Beau e eu insistimos para que papai voltasse para Washington para que ele pudesse entrar na disputa. Ele não cedeu. Saímos para levar as crianças para a cidade e compramos sanduíches para todos. Quando voltamos, papai ainda estava andando de um lado para o outro ao telefone, ainda tentando validar seu ponto de vista.

Obama acabou dando ouvidos ao meu pai. Ele equilibrou diferentes pontos de vista ao convocar temporariamente mais 30 mil soldados e ordenar uma retirada parcial em um ano. Papai trabalhara de acordo com seus princípios e isso solidificou o relacionamento dele com o presidente. O que ajudou a elevar sua influência pelo resto daquele mandato e pelo seguinte.

Beau e eu ficamos tremendamente orgulhosos e honrados ao observar a maneira como ele se comportara ao assumir um risco político tão grande e como se adaptara de maneira tão rápida ao seu novo papel. Ficou claro para nós, durante aqueles cinco dias naquela pequena ilha na costa de Massachusetts, que, apesar das dúvidas iniciais de papai, ele havia tomado a decisão correta quando aceitou a oferta de Obama para se tornar vice-presidente.

Nesse período, minha vida progrediu

Em 2008, minha empresa estava prosperando. Kathleen e eu tínhamos uma casa de US$ 1,6 milhão em um ótimo bairro de Washington e três filhos na escola Sidwell Friends.

Eu estava sóbrio.

Então papai se uniu a Obama e eu tive que encontrar um novo trabalho. Alguns conselheiros de Obama se opuseram veementemente à manutenção do meu escritório de advocacia e *lobby* e deixaram claro que eu deveria fechá-lo. Lutei para conseguir abrir uma empresa de consultoria, a Seneca Global Advisors, nomeada em homenagem a um dos lagos perto da cidade natal da minha mãe. O foco era assessorar empresas de pequeno e médio porte sobre oportunidades de expansão nos mercados interno e externo. Um ano depois, concordei em aconselhar outro fundo de private equity, o Rosemont, administrado por Devon Archer, um ex-jogador de lacrosse charmoso e extremamente motivado que voou o mundo todo para arrecadar dinheiro para sua firma de investimento imobiliário, e pelo melhor amigo dele de Yale, mais avesso ao risco, Chris Heinz, enteado de John Kerry. Essa empresa se fundiu à minha, dando origem à Rosemont Seneca, embora eu continuasse a operar de forma independente. Um segundo fundo de *private equity* proposto por Devon e Chris nunca saiu do papel.

Eu estava aumentando meus gastos novamente. Mais uma vez as despesas estavam descontroladas e eu não tinha nenhum investimento. Precisaria mais uma vez me matar de trabalhar para construir outra carreira a partir do zero. Eu tinha dez reuniões com dez clientes em potencial para conseguir um cliente – isso se tivesse sorte. Não parecia ruim, até perceber que precisava de dez novos clientes para cobrir meu gasto mensal, ou seja, precisava fazer mais de cem propostas. Eu estava sempre na rua trabalhando.

Uma coisa que aprendi ao ficar sóbrio pelos últimos sete anos é que você precisa ser tão dedicado à sobriedade quanto era à bebida. Por meio da prática, perseverança e concentração – bem como no trabalho, exercícios e meditação – fui capaz de obter a mesma sensação de bem-estar que o álcool antes proporcionava, fui capaz de controlar aquela ansiedade que desde sempre me acompanhou.

Mas você não pode vacilar.

Nunca.

Se vacila, como fiz em novembro de 2010, acontece o seguinte: você se vê em um voo de volta para casa após uma viagem de negócios em Madrid. Excesso de trabalho, falta de sono, sem me exercitar nos últimos três meses. Quando uma comissária de bordo para ao lado do meu assento e pergunta se alguém ali gostaria de uma bebida, sem hesitar – sem nem pensar, na verdade – você responde: "Vou tomar um Bloody Mary".

Você está de volta à ativa.

Você chega em casa oito ou nove horas depois e é abraçado por sua esposa e seus lindos filhos. Eles não sabem o que você sabe: você bebeu. Isso gera uma nova categoria de sentimentos: vergonha e culpa. Também inspira algo mais complicado: euforia e alívio. Você tem esta revelação: acabei de beber e me sinto muito melhor. O mundo não parou de girar, o avião não caiu do céu e minha esposa não se divorciou de mim assim que entrei pela porta.

No dia seguinte, fui trabalhar. Não bebi nada durante todo o dia. Ou no próximo. No dia seguinte, no entanto, se você for igual a mim, pensa: Bem, uma cerveja. Nunca gostei muito de cerveja, então é seguro. Talvez possa pelo menos beber algumas cervejas de vez em quando, porque estava difícil parar de pensar naqueles três Bloody Marys que bebi no avião e em como eles fizeram com que eu me sentisse bem. Seria um pecado menor.

Então você compra uma cerveja, uma única cerveja, no caminho de volta do trabalho para casa, com um pacote de Trident. E de novo, o mundo não para; nada de horrível acontece. Na verdade, você se sente melhor. Mais tarde naquela noite, você diz a todos que está indo à loja de conveniência comprar um maço de cigarros – nada de incomum, uma vez que você fuma um maço por dia desde a faculdade. Enquanto você está lá, se você for como eu, também compra um pacote com seis cervejas.

Isso dura dois dias. Então você pensa: se eu beber três daquelas garrafas grandes de Chimay, uma cerveja produzida por monges trapistas da Bélgica que têm 12% de álcool, vou ficar mais embriagado com a mesma quantidade de líquido.

Mas isso é muito líquido para se beber e eu nem gosto de cerveja, não importa que categoria de monge a tenha feito. Por que não comprar 300 ml de vodca? Algumas doses valeriam bem mais a pena. Na verdade, meio litro faria mais sentido. Mas, se você for como eu, vai além: por que não comprar logo uma garrafa inteira?

E aí está você, bebendo uma garrafa de Smirnoff Red todas as noites sentado na sua garagem vestindo duas jaquetas por causa do frio absurdo, assistindo a *Game of Thrones* ou a *Battlestar Galactica* ou a qualquer outro programa em seu *notebook*, certificando-se de esconder bem a garrafa antes de ir dormir.

No dia seguinte, você não se levanta para trabalhar e dorme até às 9 horas. Todo mundo quer saber o que está acontecendo. Se você for como eu, você mente: "Como assim, o que está acontecendo? Não há nada de errado. Está tudo bem".

Quando você aparece para trabalhar, você não entra na reunião marcada porque já está atrasado demais. Sentindo-se mal por causa disso, vai direto para um bar.

Ad infinitum.

E tudo só fica pior. Agora as tensões aumentam, porque você está escondendo o óbvio. Você não é agressivo, não está tropeçando por aí, não está dirigindo embriagado com seus filhos – mas sua esposa encontrou aquela garrafa vazia que você escondeu no lixo. Aquela velha sensação de desespero voltou, está pairando sobre sua cabeça como uma nuvem negra. Todo mundo pode ver. As pessoas ao seu redor – sua família, seus amigos e colegas de trabalho – já não sabem o que fazer. Faz sete anos desde a última vez que isso aconteceu. Eles quase haviam esquecido de como é lidar com essa situação.

Eles estão assustados.

Você está assustado.

E a situação segue piorando, até você admitir que precisa de ajuda.

E eu finalmente admiti.

Naquela recaída, Beau não ficou chocado nem desanimado. Ele viu a situação como sempre a viu: como parte de um processo. Ele me garantiu: "Vamos resolver isso. Vamos reagir. O que você precisa que eu faça?". Ele era um discípulo ferrenho da regra Biden: se você tem que pedir ajuda, é porque já é tarde demais. Ele me lembrou que estava apenas a um telefonema de distância – e que me ligaria antes.

Beau sempre foi solidário, nunca crítico. Ele nunca perguntou o que a maioria das pessoas pergunta: por quê? Não conseguiria explicar o quanto isso é importante. Essa é uma pergunta impossível de ser respondida por um alcoólatra. Eu poderia apontar traumas, histórico familiar, genética, um encontro de azar com circunstâncias erradas da vida. Mas a verdade é que não tenho uma resposta.

Beau entendeu isso intuitivamente. Ele se recusou a acreditar que eu tivesse escolhido ser um alcoólatra, mas sim que o alcoolismo me escolhera. Era algo que ele achava que poderia me ajudar a consertar, e ele fez isso.

Lidar com meu problema com a bebida não deve ter sido fácil para ele. Só agora percebo a distância que isso criou entre nós. Houve muitos momentos em que eu estava sozinho, não o deixava se aproximar. Tenho certeza de que era algo confuso. Mas Beau lidou com isso de uma maneira especial, sempre responsabilizando o alcoolismo e não a mim.

Após minha recaída em 2010, conversamos sobre o que deveríamos fazer. Sugeri voltar para o Crossroads. Beau pensou um pouco e disse: "Tudo bem". Depois reservou a passagem, me levou até o aeroporto e me acompanhou até o portão de embarque. Quando voltei, ele me pegou no aeroporto e passou a noite em casa comigo.

Beau participou de todas as decisões que tomei para ficar sóbrio. Estava sempre presente, mas nunca me sufocou. Ele fez da minha recuperação parte de sua rotina diária. Criou laços de amizade com Jack, Josh, Ron e todos os meus amigos do A.A. e mantinha contato regular com eles – não para ficar de olho em mim, mas porque sabia que eram parte importante da minha vida. Ele foi às reuniões de A.A. comigo enquanto estávamos de férias para que pudéssemos passar mais tempo juntos. Ele planejava passeios para nós dois: corridas de aventura, *mountain bike*, canoagem, rapel de 30 metros de altura em Utah. Seu objetivo não era apenas que nos divertíssemos. Ele sabia que precisava me manter motivado durante a minha recuperação.

 Ele se envolveu em todas as coisas pelas quais fiquei obsessivo. Ele fez aulas de yoga comigo, embora odiasse yoga. Ele me perguntava sobre os livros que eu estava lendo sobre alcoolismo e recuperação além da literatura recomendada do A.A. Ele queria saber como eu acreditava que os doze passos poderiam ser aplicados à vida cotidiana...

 Gostaria que você pudesse ter conhecido Beau.

CAPÍTULO CINCO

CAINDO

As primeiras semanas após o enterro de Beau foram de paz e cheias propósito.

Eu estava comprometido com a ideia de construir o legado do meu irmão. Reuni-me com tia Val, Hallie e Patty Lewis, que trabalhavam em estreita colaboração com Beau enquanto procurador-geral adjunto. Criamos juntos a Beau Biden Foundation for the Protection of Children [Fundação Beau Biden para a Proteção de Crianças]. A organização sem fins lucrativos foi uma consequência do trabalho de Beau no combate ao abuso infantil quando era procurador-geral e atualmente está presente em vinte estados. Continuei meu trabalho em vários conselhos e associações, incluindo o Programa Alimentar Mundial dos Estados Unidos (que pressionou o governo para obter fundos para o Programa Alimentar Mundial das Nações Unidas, vencedor do Prêmio Nobel da Paz em 2020), e o Projeto de Segurança Nacional Truman, que, entre outras missões, ajuda ex-militares a concorrem a cargos públicos. Retomei as atividades da minha consultoria e o meu trabalho na Boies Schiller Flexner, onde sou advogado desde 2010.

Ainda assim, com o passar das semanas, rachaduras antes invisíveis apareceram e aumentaram de tamanho. Isso ficou mais explícito no meu relacionamento com Kathleen. Algumas dessas rachaduras já existiam antes de Beau adoecer, em parte criadas por minhas recaídas com o álcool. Sem a presença do Beau esses problemas foram ampliados. Ele sempre foi uma estrela-guia para mim quando eu tinha algum problema, e agora me sentia perdido. Todos os relacionamentos dentro da família foram abalados em algum grau com a morte do Beau; todos os relacionamentos tiveram que se reajustar.

Beau deixou um buraco difícil de ser preenchido.

Papai estava quieto e triste. Lidamos com o luto de maneira muitas vezes incoerente e que não facilitava a ajuda mútua. Fechei-me para qualquer tipo de afeto, trancado em meus pensamentos e medos. Papai seguiu em frente, como fizera antes tantas vezes. Ele retomou a função de vice-presidente, o que exigia muito tempo e foco.

Logo após o funeral, a família planejou uma viagem para a ilha Kiawah, um retiro de areia branca na costa da Carolina do Sul, a cerca de 40 quilômetros de Charleston. Já tínhamos nos reunido lá antes, mas, desta vez, passada a confusão, a emoção e o funeral, todos finalmente perceberíamos como a morte de Beau seria difícil para cada um de nós.

Então, uma calamidade nacional abalou nossa programação particular, como já acontecera tantas vezes antes durante as décadas de serviço público do meu pai. Uma semana antes de nossa partida para a Carolina do Sul, um racista branco de 21 anos portando uma pistola semiautomática abriu fogo dentro da histórica Igreja Episcopal Metodista Africana Emanuel, no centro de Charleston. Ele assassinou nove mulheres e homens negros durante um estudo bíblico numa quarta-feira à noite, supostamente dizendo o seguinte aos fiéis antes de executá-los: "Vocês querem algo para orar? Eu vou dar a vocês algo para orar". Entre as vítimas estavam o pastor da igreja e senador estadual, Clementa Pinckney, então com 41 anos.

Chegamos a Kiawah na terça-feira seguinte. Papai compareceu ao funeral realizado três dias após a tragédia, onde, de trás de um púlpito coberto de púrpura, o presidente Obama reuniu a congregação, as famílias das vítimas e o resto do país para sua emotiva interpretação de "Amazing Grace".

Fui com papai dois dias depois ao culto de domingo da igreja Emanuel. Não tínhamos falado nada sobre fazer isso. Um de nós perguntou: "O que você acha que devemos fazer?", e nós dois pensamos juntos: "Acho que devemos ir". Papai não queria fazer alarde sobre o fato e fomos sem avisar ninguém. Ele esperava que sua presença, logo após a morte do seu filho mais velho, fosse uma fonte de força para uma congregação em tanta dor, e que eles, por sua vez, fossem uma fonte de força e alento para ele.

Chegamos a Charleston de manhã cedo. A igreja estava lotada. Eu adoro ir a igrejas Metodistas Episcopais Africanas. É uma comunidade muito acolhedora e sempre tive uma experiência edificante quando as visitei. Beau e eu participamos de inúmeros cultos com o papai desde que éramos crianças em Delaware e em outros lugares do país.

Papai parecia conhecer todos. Ele havia passado muito tempo na Carolina do Sul e tinha profundas raízes na comunidade negra. No início de sua carreira, ele ajudou na campanha dos democratas do Sul, como o senador júnior do estado, Fritz Hollings, quando disseram que iriam inverter sua posição sobre os direitos civis. Novas alternativas, como Strom Thurmond, surgiram, e eles ajudaram na transição até que uma geração de líderes negros, fortalecida pelo movimento pelos direitos civis que meu pai acompanhou de perto em Wilmington, começou a crescer. A amizade de papai com James Clyburn, o afro-americano de mais alto escalão no Congresso, data do início dos anos 1980 e, ao falar sobre sua falecida esposa Emily, o congressista disse que: "Não há nenhum líder que Emily gostasse mais neste país do que de Joe Biden, falávamos sobre o Joe o tempo todo".

Papai não planejou discursar para a congregação. A igreja estava cheia de visitantes de todo o país naquele domingo, mas o reverendo Norvel Goff Sênior, o pastor que substituiu o reverendo Pinckney, assassinado, falou diretamente conosco do púlpito sobre perda, luto e compreensão, e então pediu para o meu pai subir no púlpito e dizer algumas palavras.

— Gostaria de dizer algo que aliviasse a dor das famílias e da igreja – papai começou, com um senso familiar de mágoa e empatia em seu tom de voz. A igreja, lotada, estava silenciosa e havia uma forte emoção pairando no ar. — Mas eu sei, por experiência própria, e me lembrei disso novamente 29 dias atrás, que nenhuma palavra pode consertar um coração partido. Nenhuma música pode preencher o vazio... E às vezes, como todos os pastores aqui sabem, às vezes até a fé nos abandona por um momento. Às vezes duvidamos... Há uma expressão famosa que diz que a fé vê melhor na escuridão e, para as nove famílias, essa é uma época muito sombria.

A congregação uniu-se ao papai depois que ele leu um versículo dos Salmos ("Os homens encontram refúgio à sombra das tuas asas") e desceu do púlpito.

Depois disso, Joe Riley, o prefeito de Charleston de longa data, nos encontrou e levou-nos até o minúsculo escritório do reverendo Pinckney, embaixo da igreja de tijolos de duzentos anos. Em uma das paredes havia uma foto do reverendo Pinckney com papai, tirada alguns meses antes. Ambos caímos em lágrimas, mas, na verdade, nós dois choramos durante toda a cerimônia.

Estar na igreja Emanuel naquele dia foi emocionante, edificante e lindo. A demonstração de amor e luto que papai e eu recebemos e retribuímos foi uma grande fonte de força. Houve uma enorme compaixão compartilhada: parecia que cada um dos paroquianos se aproximou e nos deu um grande abraço, um beijo e uma palavra de incentivo. Como aconteceu com aqueles que nos procuraram durante a semana entre a morte de Beau e seu funeral, ouvir as histórias de luto das outras pessoas me fez perceber que eu não estava sozinho.

Houve momentos em que me senti culpado por receber tanta atenção, especialmente porque sabia que muitos que me estenderam a mão haviam vivenciado tragédias piores do que a minha.

Fiquei pasmo ao pensar em como alguns deles enfrentaram suas perdas sem o amor e os recursos aos quais eu tinha acesso.

Devo admitir que em algumas ocasiões parecia que ninguém era capaz de entender minha dor. Parecia narcisismo pensar algo assim. No entanto, perceber isso não fez o sentimento parecer menos real. E acreditar que sua dor é única não diminui a dor das outras pessoas.

A dor é nossa condição universal. As pessoas podem passar a vida sem encontrar o verdadeiro amor, mas ninguém vive muito tempo sem sentir uma profunda dor. Ela pode nos conectar ou pode nos isolar. Eu oscilava entre os dois lados.

Esses foram os pensamentos que me consternaram naquele dia triste e grandioso em Charleston, o epicentro da dor dos Estados Unidos naquele momento.

Continuei oscilando entre a esperança e a desesperança. Meu pai e eu passamos por dificuldades, nenhum de nós sabia exatamente como expor o que queríamos dizer. Quando olhei em seus olhos, vi o que me pareceu uma tristeza intransponível – bem como sua preocupação comigo. Não era apenas o fato de que não havia mais o Beau. A pergunta que pairava no ar era mais ampla, e era uma pergunta que ainda não conseguíamos responder: se não havia mais nós três, como seria agora?

A certa altura, lembro-me de dizer:

— Não sei se deveria ficar grato ou zangado com você por fazer todos nos amarmos tanto.

Ele interpretou do jeito certo, foi um grande elogio. E de fato foi. Mas eu também quis dizer isso em um sentido mais literal. Eu simplesmente não suportava tanta dor, dor que sei que ele também sentiu, e que ainda sente até hoje.

Tentei manter meu foco em meus filhos, na família e nas coisas que dão sentido à minha vida e me trazem motivação.

Então eu permiti por um momento que toda a raiva latente e confusão interna viessem à tona, e essa era a desculpa que precisava para beber. Foi uma reação quase que instantânea, ao mesmo tempo impulsiva e míope e, talvez, inevitável.

Praticamente tudo o que fiz depois, durante os quatro anos seguintes, resultou em tropeços, escorregões e quedas ladeira abaixo.

No dia 2 de julho, Kathleen e eu fizemos nossa tradicional caminhada de aniversário de casamento: uma milha para cada ano casados. O passeio de 35 quilômetros naquele dia quente e nublado começou em Georgetown, passou pelo Monumento a Washington e pelo Lincoln Memorial, depois cruzou o rio Potomac e seguiu por um caminho ziguezagueante quase até Mount Vernon. Depois voltamos para casa pelo mesmo caminho.

Ao longo do caminho, discutimos nosso casamento: passado, presente e futuro. Havia muito o que conversar. Estávamos em terreno instável: estar casado com alguém há 22 anos lhe confere 22 milhões de motivos para se divorciar. Mas, na minha opinião, não havia motivos bons o bastante.

Kathleen disse: "Conte-me tudo; vamos abrir tudo o que pudermos um para o outro". Reconheci todos os meus defeitos – toda mágoa, cada segredo, cada pecado. Conversamos sobre nossa falta de intimidade, como eu estava sendo consumido pelo trabalho e por nosso altíssimo custo de vida. Falamos sobre minhas últimas recaídas e como estava lidando com todos esses problemas. Eu não bebia havia meses. Algumas coisas eram mais problemáticas do que outras, mas não acho que nenhuma delas chegava em um nível que justificaria o fim do nosso casamento. Eu estava comprometido em fazer nosso casamento dar certo de novo.

No dia seguinte, nos encontramos com uma terapeuta de casais com quem tínhamos nos consultado juntos por algum tempo, que recentemente eu estava vendo sozinho. Ela sabia da nossa tradicional caminhada de aniversário e perguntou como havia sido. Respondi entusiasmado, disse que tinha sido catártico e que sentira que havíamos chegado a uma compreensão melhor de onde estávamos. Disse a ela que a caminhada havia me deixado esperançoso.

Então Kathleen respondeu. Era como se tivéssemos caminhado 35 quilômetros em direções opostas. O que ela disse, em linhas gerais: "Catártico? Quem você está enganando? Você pode pedir desculpas pelo resto da sua vida, não vai fazer diferença. Eu nunca vou lhe perdoar".

Fiquei chocado. Naquele momento, tudo o que dissemos um ao outro no dia anterior pareceu inútil – uma bobagem. Senti que Kathleen havia decidido que terminaríamos nosso casamento no dia em que Beau morreu e que a conversa que tivemos quando estávamos voltando para casa depois do funeral teria sido, de fato, o fim de tudo.

Fiquei arrasado. E fiz o tipo de coisa prejudicial que todo bom alcoólatra sabe fazer em momentos de profunda frustração: decidi provar que ela estava certa.

Saí da sessão, comprei uma garrafa de vodca e a esvaziei.

Fui novamente internado algumas semanas depois disso.

Não queria sobrecarregar meu pai com os problemas do meu casamento, com as minhas dúvidas e a minha solidão. Queria que ele pensasse que eu estava bem. Ele não estava apenas lidando com a perda de Beau enquanto continuava a desempenhar as funções do seu cargo, mas também estava prestes a decidir se concorreria à Presidência em 2016.

O único recurso para salvar meu casamento e voltar para casa era ingressar em outro programa de reabilitação e ficar 100% sóbrio. Kathleen deixou isso claro: sem isso, eu não tinha permissão para voltar para casa. Não acho que isso foi o melhor para mim, para meu problema ou para minhas filhas, mas ela não sabia mais o que fazer.

Tornei-me um paciente ambulatorial por cerca de um mês em uma clínica da Universidade da Pensilvânia, morando durante esse período na casa de meu tio Jimmy, na Filadélfia. Os médicos prescreveram dois medicamentos, um para diminuir a ânsia pela bebida e outro para me fazer sentir mal caso eu bebesse. Eu não testei o efeito dessa segunda medicação. O efeito da primeira foi satisfatório.

Passei o mês seguinte internado em uma clínica no alto de uma montanha, a cerca de 120 quilômetros a oeste de Filadélfia. Eu me internei com um nome falso, Hunter Smith, o que por si só já tornava difícil compartilhar o que eu estava passando. Houve momentos, durante as sessões em grupo, em que eu sentia que estava encenando, representado minha história em vez de contá-la. A grande vantagem da internação para reabilitação é ter oportunidade de ser honesto consigo mesmo e com os outros pacientes, a maioria deles estranhos. No entanto, para mim, falar como se eu fosse "Hunter Smith" sobre a perda de alguém tão próximo como meu irmão parecia falso, especialmente quando muitos dos meus ouvintes tinham me visto fazer um discurso de despedida na TV menos de dois meses antes.

Estou convencido de que privar alguém por um mês ou mais da companhia de pessoas que são as coisas mais importantes da sua vida – no meu caso, minhas três filhas – é uma das falhas críticas na forma como os adictos* são tratados. O que eu mais senti enquanto estive lá foi solidão. No entanto, para ter alguma chance de voltar para casa, era aquilo que eu precisava fazer.

Naquele outono, me mudei para Washington, para um apartamento de dois quartos no primeiro andar de um prédio novo na esquina da Eleventh Street com a avenida Rhode Island, perto de

---

* O termo *addict* em inglês é utilizado dentro da irmandade de Narcóticos Anônimos e traduzido como adicto. Os dependentes químicos se autodenominam adictos, e sua doença, de adicção (N. do T.).

Logan Circle. Do outro lado da rua havia uma pista de *skate* e, a alguns passos dali, uma loja de bebidas. Foi a primeira vez em 46 anos que morei sozinho. Em vez de ir para casa e ser abraçado por três crianças que adorava, voltava para um lugar estranho e silencioso. Dormi todas as noites no sofá; a ideia de dormir em uma cama sozinho aumentava ainda mais a sensação de que Kathleen nunca mais me deixaria voltar.

Ia à terapia três vezes por semana e sempre me encontrava com meu conselheiro de sobriedade. Eu soprava quatro vezes por dia em um bafômetro portátil com uma câmera embutida, e a imagem era transmitida para um conselheiro remoto, que atestava que eu não estava bebendo escondido. Fazia aula de yoga seis vezes por semana e, a pedido do meu terapeuta, ia duas noites por semana a um programa de autoconhecimento em Aberdeen, Maryland, a uma distância de 90 minutos de carro. Durante esse período, mantive meu negócio de consultoria, ainda que o trabalho estivesse bem reduzido.

Ia aos jogos de futebol das minhas filhas e participava de outras atividades extracurriculares fora de casa. Naomi agora estava estudando na Universidade da Pensilvânia. Também passava mais tempo com os filhos de Beau, Natalie e Hunter. Um vínculo relacionado à dor da perda começou a se formar entre Hallie e eu. Ela se tornou alguém em quem eu podia confiar – naquela época era apenas isso. Minha raiva, às vezes justificável, às vezes não, serviu para mim como motivação contraintuitiva: eu ia abandonar o vício e melhorar, mas não iria mais implorar para que Kathleen deixasse eu voltar.

Em outubro daquele ano, meu pai anunciou que não se candidataria à presidência em 2016. Ele falou publicamente sobre o impacto da morte de Beau sobre ele e nossa família, e sobre a necessidade de mais tempo para se recuperar. Ele não falou sobre a outra dinâmica da equação: a preferência entre os influenciadores do Partido Democrata por Hillary Clinton; era a vez dela. Um dividendo conquistado por Hillary na apertada derrota das primárias para Obama e, depois, por seu serviço como Secretária de Estado. Se meu pai quisesse tentar, seria muito difícil ganhar a disputa.

Não sei se minhas recaídas entraram na equação. Elas certamente não ajudaram, mas isso é algo que meu pai nunca diria. Eu o incentivei a concorrer. Ele sabia como eu estava me esforçando para me manter sóbrio, mas ainda era um período turbulento. Ele sabia, melhor do que ninguém, que a adversidade aproxima nossa família.

A essa altura, avançávamos pelo outono, o ar esfriava e a luz do sol ia ficando mais fraca. Todos os velhos rituais diários que giravam em torno de Beau desapareceram. Eu não ligava mais para ele nem atendia suas ligações três vezes por dia – ele nunca falhava. Discutíamos quase tanto quanto ríamos. Quando ia à casa dos meus pais, Beau não estava lá fazendo piadas sobre o pote de maionese vencida há meses no fundo da geladeira.

Tudo me fazia lembrar dele. A estação Amtrak, onde passamos grande parte de nossa infância; os trilhos da ferrovia pelos quais caminhávamos; o Charcoal Pit, onde tomávamos *milk-shakes* de chocolate superespessos com creme e comíamos sanduíches com batata frita. Até mesmo um pato voando – Beau amava aqueles malditos patos.

Esse estranho novo normal piorou durante as férias. Minhas filhas estavam abaladas com a morte do Beau e confusas com o fato da nossa família ter se desintegrado diante de seus olhos. Dizia a elas: "Sua mãe e eu vamos resolver isso. Não fiquem bravas. Não é culpa dela. Tudo isso tem a ver com o meu alcoolismo e com o fato de eu estar sóbrio ou não". Mas isso era besteira. Parecia que todos estavam apenas esperando que eu perdesse o controle e tivesse uma recaída, provando que ela estava certa.

O que de fato aconteceu, na semana que antecedeu o Natal.

Todos os anos, no dia 18 de dezembro, nossa família e alguns amigos de longa data nos reuníamos no dia do falecimento da minha mãe e da minha irmãzinha. Nos encontrávamos em Wilmington para a missa das 7 horas na igreja St. Joe e depois íamos para a casa dos meus pais para tomar um café e comer *donuts* ou *bagels*. Papai, Beau e eu visitávamos os túmulos e colocávamos uma coroa de flores com três rosas brancas. Agora, Beau descansava a 5 metros de distância desse local.

Nos últimos anos, Kathleen e eu chegávamos na noite anterior com as meninas, que já estavam de férias, para que pudéssemos ir ao culto pela manhã. Ficávamos em Delaware até a manhã do dia de Natal, quando pagávamos um voo para Chicago para ficar com a família da Kathleen em sua casa no lago.

Neste ano, Kathleen me ligou para dizer que as meninas só iriam para Delaware na véspera do Natal e que não queria que eu fosse com elas à cidade de Michigan para passarmos o Natal juntos.

Fiquei arrasado. Agora percebo que ela estava tentando proteger nossas filhas. Por mais que doesse em mim, eu era a ameaça da qual ela precisava protegê-las. Essa sabedoria foi conquistada com muito esforço – um dependente químico, muitas vezes força as pessoas mais próximas a tomarem decisões difíceis, decisões que podem destruir um relacionamento. Mas essas mesmas decisões podem proteger pessoas ao seu redor de uma dor muito maior. Kathleen foi corajosa nesses momentos, e eu só consigo entender isso agora.

Eu não pensava assim naquela época. Horas depois da ligação de Kathleen, comecei a beber escondido, mas tentei me controlar para evitar uma tragédia. O aniversário da minha filha Naomi é no dia 21 de dezembro, dia em que geralmente passávamos juntos na casa dos meus pais, e naquele ano eu não podia vê-la. Eu já havia perdido os aniversários da Finnegan e da Maisy, em agosto e setembro, respectivamente, porque estava na clínica de reabilitação.

O Natal passou. As meninas foram embora com Kathleen. Mamãe e papai viajaram para o Caribe com tio Jimmy e tia Val, como faziam todo ano nessa época. Hallie e seus filhos foram para a Flórida com outra família.

Beau estava morto.

Sozinho, deprimido, com raiva, meu cérebro confuso com a falta de lógica típica dos alcoólatras, comprei uma garrafa de vodca, fui para meu apartamento em Washington e a bebi. Fiz isso praticamente todos os dias, o dia todo, do Natal até o final de janeiro.

Eu ligava a TV, me sentava no sofá, bebia e apagava. Mesmo quando estava bêbado (principalmente quando estava bêbado) – nunca dormia na cama. Eu assistia à TV quase em coma, olhando para a tela sem realmente estar ciente do que estava passando. Outras vezes eu chorava por horas, sem perceber que estava chorando. Eu quase não comia.

Eu não fazia quase nada no trabalho, com cinco funcionários no escritório se desdobrando por mim. Cancelei reuniões, participei de algumas teleconferências, mas não fui ao escritório. Cancelei todas as viagens de negócios. As únicas ligações que atendia eram as de minhas filhas e do meu pai, que ligava constantemente perguntando se eu estava bem. Dizia que estava tudo bem, desligava o telefone, desmaiava no sofá, acordava e bebia mais.

Ficava bebendo assim por doze a dezesseis horas. Quando terminava uma garrafa, eu andava até o Logan Circle Liquor, uma loja velha cheia de prateleiras com bebidas e um balconista atrás de uma janela de plástico à prova de balas. Pedia uma garrafa de vodca Smirnoff – cerca de um litro e meio – com a voz hesitante e as mãos trêmulas. Normalmente ia direto para casa, mas às vezes a viagem de um quarteirão era longa demais: em algum ponto entre atravessar a rua e subir as escadas para o meu apartamento, abria a garrafa e tomava um gole.

Não percebi que dias, e até mesmo semanas, haviam se passado. Cada semana se fundia à próxima, tudo se passava em câmera lenta. Em pouco tempo, comecei a acordar com sintomas de abstinência debilitantes. Tornou-se uma tarefa árdua levantar a cabeça do travesseiro. Se não tivesse sobrado um último gole na garrafa, era preciso um tremendo esforço para colocar minhas botas e a jaqueta e rastejar até a loja de bebidas. A curta caminhada logo começou a parecer uma maratona, era como se estivesse caminhando sobre pedaços de vidro quebrado.

Eu nunca havia bebido tanto. Antes disso bebia excessivamente, a ponto de saber que não era mais inteligente continuar bebendo – foi assim quando decidi ficar sóbrio em 2003 e, de novo, em 2010. Mas nunca havia sentido tanta dor a ponto de não conseguir sair de casa. Perdi 10 quilos. Não comia nada além do que era vendido na loja de bebidas: salgadinhos, torresmo, macarrão instantâneo. Com o tempo, meu estômago não conseguia nem aguentar o macarrão.

Eu estava me afogando em álcool.

Interrompi meu fundo de poço apenas uma vez. Depois de três semanas bebendo, com a barba por fazer e tendo perdido muito peso, vi em minha agenda um compromisso que assumira meses antes e não poderia deixar de cumprir: uma viagem de uma semana ao Oriente Médio com a delegação dos Estados Unidos do Programa Alimentar Mundial. Era muito importante, vidas literalmente dependiam disso. Então, como já tinha feito muitas vezes antes, cessei a bebedeira e fiz o que para muitos seria impossível: me transformei em um alcoólatra funcional. Tomei banho, fiz a barba, arrumei as malas e embarquei em um avião para Beirute.

Nossa primeira visita foi a um campo de refugiados no Líbano, próximo à fronteira com a Síria. Do outro lado, 700 homens, mulheres e crianças estavam presos em uma terra de ninguém, destruída, com quase nenhuma assistência. Eles estavam implorando para se juntar aos 80 mil outros sírios alojados no campo de refugiados de Zaatari, na Jordânia, um abrigo superlotado mas bem organizado, que visitaríamos na sequência, quando conversamos com as famílias alojadas em contêineres de metal abarrotados em um trecho de areia não pavimentado e sem nenhuma vegetação. Após essas visitas, segui para Amã para pedir pessoalmente ao Rei Abdullah II para que ele nos ajudasse.

Eu já havia visitado diversos lugares miseráveis ao redor do mundo com o Programa Alimentar Mundial. Cada visita deixou uma marca inesquecível.

Por exemplo, em dezembro de 2013 fui para as Filipinas um mês após ela ter sido atingida pelo tufão Haiyan, ventos de até 300 quilômetros por hora que varreram áreas inteiras do país. Mais de 6 mil pessoas morreram e 4,1 milhões ficaram desabrigadas por causa do maior tufão registrado na história até então.

Quando pousamos no extremo sul da Ilha Samar, em Guiuan, parecia que alguém havia pegado uma foice gigante e cortado todas as árvores ao meio até onde a vista alcançava. O que o Haiyan não destruiu, as ondas causadas pela tempestade arrastaram. O prefeito da cidade, em um escritório sem paredes e sem telhado, chamou o tufão *delubyo* – Armagedom.

Mas aqueles que sobreviveram foram heróis. Multidões de crianças nos cercaram, muitas delas sorrindo. Uma criança de 2 anos subiu no meu colo e não me largou. Ela ficou agarrada em mim durante todo o tempo em que percorri a área devastada. Todos contavam histórias de sobrevivência: agarrando-se a uma árvore, escondendo-se sob uma cabana, carregando vizinhos nos ombros em meio à enchente.

O Programa Alimentar Mundial (WFP – World Food Programm) havia mobilizado suprimentos e alimentos poucas horas antes da chegada do tufão – arroz do Sri Lanka, biscoitos energéticos de Bangladesh – e todos com quem encontramos ficaram gratos e foram generosos uns com os outros. Em meio a toda aquela perda, foi uma das viagens mais inspiradoras que fiz para um lugar onde as pessoas tinham acabado de vivenciar um dos momentos mais sombrios. A esperança e a perseverança delas era contagiosa.

Mais comum durante as viagens era ver o sofrimento duradouro das pessoas. Em uma visita em 2011 ao campo de refugiados de Dadaab, no Quênia, perto da Somália, fui conhecer o campo que abriga mais de 200 mil refugiados e pessoas que buscam asilo. Elas haviam fugido da seca, da fome e dos conflitos para se estabelecerem em um complexo situado no meio de um sertão semiárido. É o terceiro maior acampamento desse tipo no mundo.

A fome e a desnutrição eram inevitáveis. Ouvi relatos angustiantes de mães que cruzaram o deserto da Somália com cinco filhos e chegaram a Dadaab com apenas dois – os outros foram mortos por leões. Fundado em 1991 em resposta ao que os trabalhadores humanitários esperavam que fosse uma crise temporária, o campo agora se estende por gerações.

A crua compreensão do que significa ser um apátrida – sem nenhum lugar para onde voltar, nenhuma comunidade para viver além do perímetro do campo, depender de governos sem interesse direto em seu destino ou liberdade – era algo perturbador de uma forma quase que abissal.

Minha viagem ao Oriente Médio tinha seus próprios desafios. Cheguei lá lutando contra minha tristeza, meu alcoolismo e o fato de que estava defendendo pessoas cujas vidas dependiam de mim, vivendo uma situação de vida ou morte.

Acompanhado por Rick Leach, CEO do WFP nos Estados Unidos, e outro membro do conselho e ex-secretário de Agricultura, Dan Glickman, cheguei ao palácio real em Amã no final de nossa missão de seis dias.

Viemos de Beirute, onde tínhamos passado a maior parte do dia dirigindo por bairros perigosos para nos encontrarmos com o primeiro-ministro, um administrador nomeado pela ONU, entre outras pessoas relevantes daquele governo caótico, sentindo a enorme pressão econômica e social causada pelo influxo de mais de 1 milhão de sírios. Discutimos a expansão do trabalho do WFP para aumentar a assistência por meio de um sistema de cartão de débito eletrônico que beneficiaria tanto os refugiados quanto a deterioração da economia local. Havia muitas questões mal resolvidas e conflitantes na agenda; as discussões eram árduas. Acabamos conseguindo dinheiro suficiente para lançar o programa no Líbano, sem violência nem incidentes em diversos campos por todo o país.

Agora, nosso objetivo era convencer o rei Abdullah II a permitir que mais refugiados sírios entrassem no campo de Zaatari, na Jordânia. O rei estava compreensivelmente relutante: ele temia a infiltração do ISIS ou de outros terroristas.

Chegamos ao palácio real e fomos escoltados até a porta do escritório do rei. Entrei sozinho. A única razão pela qual o rei concordou em nos receber, depois de muitos pedidos negados da sede do WFP em Roma, foi por respeito a meu pai. Seria possível classificar isso como uma forma positiva de nepotismo.

Sentei-me em frente ao rei, um homem vívido e bem-apessoado, um descendente do Profeta Maomé, com pensamentos sobre o frigobar do meu quarto do hotel aparecendo na minha mente. Eu estava determinado a controlar meu hábito de beber durante a viagem, mantendo-o escondido dentro do meu quarto. Eu estava na corda bamba entre ficar embriagado ou sofrer de abstinência. Para ser efetivo na minha missão, eu não podia beber nem a mais nem a menos. Naquele momento eu estava suando por baixo da camisa, mas não através do paletó.

O rei falou primeiro sobre nossas famílias e sobre o quanto respeitava meu pai. Ele continuou falando sobre como meu pai não apenas fala com propriedade e experiência, mas também sempre diz a verdade – o que, para o rei, era o maior elogio que ele poderia fazer a alguém engajado na política de alto risco, entre a guerra e a paz. Ele apreciava o fato do meu pai ser diplomático, ainda que fosse uma pessoa bastante direta. Os dois se assemelhavam: haviam passado por muitas coisas, mas eram respeitosos e tranquilos.

Eu estava lá para defender os refugiados, mas também para ouvir e aprender. Trocamos reflexões sobre o contexto histórico que afeta a dinâmica de toda a região. O rei deixou claro que trabalhava com empatia, mas sem deixar de lado a realidade. Ele enxergava aquela situação como uma luta de vida ou morte, tanto para os refugiados quanto para a Jordânia. Expôs a fragilidade da segurança nacional em uma região tão volátil. Um erro poderia custar vidas. Mesmo assim, ele disse que avaliaria a situação dos refugiados que queriam entrar em Zaatari.

Eu estava completamente envolvido na conversa: os pensamentos nas minigarrafas de vodca do hotel foram rapidamente extintos pela gravidade do teor do assunto. Vidas estavam em jogo. A discussão durou quase uma hora, apenas entre nós dois.

Quando terminamos, o rei Abdullah chamou Rick, que assumiu a liderança das negociações; fomos conduzidos para outra parte do palácio para dialogarmos com um dos assessores do rei. Conversamos mais detalhadamente sobre os programas que o WFP esperava implementar em Zaatari.

Pouco depois de voltarmos aos Estados Unidos, o rei Abdullah permitiu que muitos refugiados que estavam isolados na Síria entrassem em Zaatari. Meu encontro não foi o único fator determinante para persuadi-lo; havia muitos outros defendendo essas pessoas desesperadas. Mas certamente ajudou. Mais importante, considerando minhas batalhas pessoais na época, foi o fato de que não estraguei tudo. Não fui responsável pela morte de inocentes.

Feito isso, eu precisava voltar para o meu apartamento, abrir uma garrafa e trancar a porta.

Eu continuei do ponto onde parei – como se estivesse tirando o atraso. Em pouco tempo, já estava bebendo apenas para evitar a dor física causada pela abstinência. Esqueça as raízes ocultas do alcoolismo – traumas não resolvidos, genética, doenças – eu bebia para cessar a dor da abstinência. Achava bom quando desmaiava. Sentia tanta dor quando ficava muito tempo sem beber que todas as articulações do meu corpo pareciam estar soldadas. Minha ansiedade aumentou tanto que eu acordava com as almofadas do sofá e o travesseiro encharcados de suor, como se alguém tivesse derramado um balde de água sobre mim. Sentia calafrios e febre até tomar outra dose. Então, por um instante, todo sofrimento desaparecia. Mas isso se tornou algo cada vez mais difícil de alcançar. Se no início uma dose de vodca bastava, logo comecei a precisar de um copo baixo, depois de um copo alto cheio, até precisar de uma garrafa inteira. Apenas para ter algum alívio.

Em certo momento, até mesmo me servir de uma bebida se tornou uma tarefa difícil. Passei a cortar com uma faca o dosador de plástico da garrafa de vodca e beber direto no gargalo. Dado o grau da minha fraqueza, mesmo isso exigia alguma habilidade: aprendi a torcer e contorcer meu corpo de forma a diminuir o peso da garrafa e torná-la mais manejável. Eu provavelmente parecia um personagem de desenho animado engolindo litros de bebida no bico de uma garrafa.

O álcool é uma droga difícil de largar. Se estiver bebendo no nível absurdo em que eu estava, você realmente precisa continuar bebendo para se manter vivo e não apenas para ficar bêbado. A única maneira de parar com segurança é desintoxicar-se clinicamente, ou seja, com acompanhamento profissional. Caso contrário, e isso estava claro para mim, você pode morrer.

Parei de atender o telefone. Não atendia nem meu pai, nem minhas filhas, não atendia ninguém. Meu instrutor de yoga me ligou uma vez do lado de fora do meu apartamento. Eu não atendi. Parei de trabalhar, não buscava novos clientes. Pagava as contas com o dinheiro dos contratos antigos ainda vigentes, clientes como a HNTB, uma empresa global de *design* de infraestrutura, e várias firmas de *Private Equity*. Naquela época, eu também estava recebendo mensalmente grandes somas da Burisma, uma empresa de energia ucraniana de cujo conselho eu fazia parte desde o início de 2014.

A última coisa que eu queria era meu pai aparecendo na frente do meu prédio com todos os seus seguranças. Mas um mês depois ele não se aguentou. Reduziu sua segurança ao mínimo possível e bateu à minha porta. Deixei-o entrar. Ele ficou horrorizado com o que viu, e me perguntou se eu estava bem. Respondi a ele que sim, que estava bem.

— Sei que você não está bem, Hunter – disse ele, olhando para mim e examinando o apartamento. – Você precisa de ajuda.

Olhei nos olhos do meu pai e vi uma expressão de alguém em desespero, uma expressão de medo, medo de que eu não fosse capaz de sair dessa. Eu sabia que ele não iria embora até que eu concordasse em fazer algo – que a partir daquele ponto ele assumiria o controle de alguma forma, até mesmo fisicamente, se fosse preciso. Eu queria evitar isso a todo custo. Não estava em condições de ter uma discussão sobre o Beau, minha dor ou a dele. Nem falar sobre a depressão e desespero absoluto pelo qual eu estava passando. Sabia que ele estava certo – eu estava qualquer coisa, exceto bem. Estava preso em uma bebedeira sem fim que iria acabar comigo.

Disse a ele que conhecia um programa na costa oeste, que poderia me ajudar a ficar sóbrio. Ele me fez prometer que procuraria ajuda, disse que voltaria para se certificar. Ele me abraçou com força e eu o acompanhei até a porta.

Não houve drama, nem fogos de artifício. Dois dias depois, peguei um avião e fui para o centro de retiros do Instituto Esalen em Big Sur, Califórnia, onde já havia feito um retiro de yoga de doze passos que me ajudou por um tempo. Dessa vez, fiz meu processo de desintoxicação entre pessoas que participavam de diferentes programas de reabilitação. Melhorei e fui embora, fui esquiar sozinho por uma semana em Lake Tahoe, refazendo as mesmas pistas que Beau, papai e eu havíamos percorrido anos atrás. Voltei para casa limpo, saudável – e vivo.

Meu pai me salvou. Quando bateu à minha porta, ele me tirou do estado em que estava e me salvou, fez eu querer salvar a mim mesmo. Caso contrário, tenho certeza de que não teria sobrevivido.

Esse é meu pai. Ele nunca me deixou esquecer que nem tudo estava perdido. Nunca me abandonou, nunca me evitou, nunca me julgou, não importa o quão ruim as coisas estivessem – e, acredite, daquele ponto em diante elas ficariam muito, muito piores. Existe uma teoria popular segundo a qual um adicto precisa chegar ao fundo do poço antes de ser ajudado. Os que conheci que chegaram ao fundo do poço estão mortos. Por mais ocupado que meu pai sempre estivesse, ele nunca, nunca desistiu de mim.

Acredito que meu pai precisava de mim. E, por "mim", não quero dizer "eu". Em muitos aspectos, a maior expressão de seu amor era o amor que ele sentia por mim e por Beau. E agora só restava a mim. Isso não quer dizer que ele não ame minha irmã ou acima de tudo minha mãe. Mas Beau e eu sempre acreditamos que papai pensava que havia algo singular que nós três compartilhávamos, e nós também pensávamos assim. Por isso, ele nunca me deixou desaparecer, nunca me deixou escapar, não importa quantas vezes eu tenha tentado durante os três anos e meio seguintes. Houve momentos em que sua persistência me enfureceu – eu tentava sumir por causa do meu alcoolismo e vício em drogas, e então lá estava ele, de novo me mostrando o caminho com sua lanterna, me iluminando, interrompendo meu plano de desaparecer.

Desaparecer era a mais profunda traição ao amor que existia entre nós. Foi o que tentei fazer, em vez de cometer suicídio.

CAPÍTULO SEIS

BURISMA

O fato mais notável relacionado ao episódio que levou ao *impeachment* de um presidente e me colocou no centro da maior fábula política da década foi sua grande banalidade.

Não contém nada de clandestino, nenhum grande mistério ou esquema internacional fraudulento. Não há ação criminosa nem de moral corrupta que faça outros agentes se sentirem melhor sobre si mesmos.

Em suma, não há toma lá dá cá – exceto no universo invertido, cheio de conflitos de interesse, preparado para ganho político e pessoal de Trump, Giuliani e seu círculo de amigos bandidos.

Meu envolvimento por cinco anos no conselho administrativo da Burisma Holdings, um dos maiores produtores privados de gás natural na Ucrânia, em última análise, tem suas raízes, como tantas outras coisas na época, nas circunstâncias que cercaram a grave doença do meu irmão.

Quero ser claro: os problemas de saúde de Beau não me levaram a fazer algo que eu não faria de qualquer jeito. O dinheiro foi útil, mas poderia descobrir outra maneira de ganhá-lo. Eu não estava desesperado. No entanto, ele me possibilitou não trabalhar tanto na busca por novos clientes, a parte mais difícil do meu trabalho

– perfurar vinte poços secos para finalmente conquistar um novo cliente. Isso me deu mais tempo para cuidar de Beau.

Eu soube do tumor de Beau poucos meses antes de receber um telefonema de Devon Archer, um de meus colegas de trabalho da Rosemont Seneca, me falando sobre a Burisma. Nosso negócio com maior potencial havia sido uma parceria com um fundo de *private equity* chinês que buscava investir capital chinês em empresas fora do país. Fui um consultor não remunerado nesse negócio e até hoje não recebi nenhum dólar com a transação. Mas com todo o resto, foi mais um dos delírios conspiratórios de Trump, do birterismo* ao QAnon.**

Em 2013, papai pediu à minha filha Finnegan, na época adolescente, que se juntasse a ele no *Força Aérea Dois* para ir ao Japão e a Pequim, onde ele se encontraria com o presidente Xi Jinping. Papai costumava pedir aos netos que o acompanhassem em viagens ao exterior. Era a oportunidade que tinha de matar as saudades. Fui com eles no avião do Japão para a China e pude passar um tempo com os dois. Enquanto estávamos em Pequim, papai encontrou no saguão do hotel da delegação americana um dos parceiros chineses de Devon, Jonathan Li, apenas tempo suficiente para dizer oi e apertar as mãos. Também tive um breve encontro com Li, uma visita de cortesia enquanto estive no país; o negócio havia sido assinado mais de uma semana antes. Li e eu saímos para tomar um café.

E foi isso – até Trump declarar que saí da China com US$ 1,5 bilhões. Esse valor foi tirado de uma declaração feita por um representante da empresa na época, que disse que essa seria a quantia que a empresa esperava faturar. O valor real faturado antes daquela viagem à China: US$ 4,2 milhões. Eu não tinha participação acionária na empresa na

---

* Teoria conspiratória em torno do local de nascimento de Barack Obama, que seria fora dos Estados Unidos. (N. do T.)
** Teoria da conspiração de extrema direita que alega haver uma cabala secreta que esteve conspirando contra o ex-presidente Donald Trump e seus apoiadores durante o mandato dele. (N. do T.)

época e só comprei uma participação de 10% depois que meu pai deixou o cargo.

Alguns meses depois, Devon viajou para levantar dinheiro para seu fundo de investimento imobiliário, dentro dos Estados Unidos e no exterior, um empreendimento do qual eu não fazia parte. Durante uma dessas viagens a Kiev, ele conheceu Mykola Zlochevsky, o proprietário e presidente da Burisma.

O encontro aconteceu em um momento crítico para a Ucrânia moderna. Depois que o presidente Viktor Yanukovych rejeitou um acordo comercial com a União Europeia em 2013, os ucranianos lotaram a praça principal da capital, Kiev, exigindo reformas econômicas e de direitos humanos e o fim do regime corrupto apoiado por Putin. Os protestos continuaram por três meses, durante um inverno extremamente rigoroso. As forças de segurança do governo por fim invadiram os acampamentos dos manifestantes e dispararam contra a multidão, matando dezenas e deixando os corpos sangrando nas ruas. Os ucranianos queimaram pneus e fizeram barricadas para defenderem-se de um massacre ainda maior que parecia inevitável. Foi uma revolução total.

Yanukovych fugiu para a fronteira durante a madrugada e apareceu em Moscou, onde está exilado. Atualmente, ele é procurado na Ucrânia por traição. Mas não havia tempo para comemorações em Kiev. Uma nação que ainda se recuperava do derramamento de sangue e do caos devido àquele governo, agora testemunhava uma operação militar descarada realizada por misteriosos "homenzinhos verdes" – forças especiais russas mascaradas em uniformes sem identificação. Eles ocuparam locais militares e governamentais em toda a Crimeia, a península do Mar Negro logo foi anexada por Putin. As tropas russas então se concentraram ao longo da fronteira oriental da Ucrânia, perto de onde grande parte dos campos de gás natural da Burisma estão localizados – campos que a Rússia cobiçava havia algum tempo. Zlochevsky e outros ucranianos viam Putin como uma ameaça crescente ao país e, por extensão, à Burisma.

Depois de voltar de Kiev, Devon me contou sobre sua conversa com Zlochevsky, o ex-ministro da Ecologia e recursos naturais da Ucrânia, que fundara a Burisma em 2002. Inteligente, sério, imponente – 1,90 metro de altura e pelo menos 115 quilos, com a cabeça raspada, risada estrondosa e quase sem pescoço nenhum – Zlochevsky estava preocupado e queria proteger sua empresa dos avanços de Putin.

Para isso, Zlochevsky queria atrair mais investidores americanos e europeus, tanto para expandir seus negócios quanto para demonstrar cooperação com o Ocidente. Ele via nessa cooperação uma forma de se defender das agressões da Rússia. Para reforçar esses laços, queria garantir que as práticas de negócios da Burisma aderissem aos padrões ocidentais de governança corporativa e transparência.

Essa é uma questão muito delicada na Ucrânia, um país que está na parte de cima do *ranking* dos países mais corruptos do mundo.

Para ajudar a melhorar a reputação da Burisma, Zlochevsky estava montando um conselho de diretores que incluía não ucranianos com nomes consagrados e com bons contatos internacionais. Sua conquista mais proeminente foi Aleksander Kwasniewski, ex-presidente da Polônia e defensor da democracia.

Devon disse que meu nome estava sendo cotado para uma possível vaga no conselho – com o dele. Kwasniewski logo me procurou. Ele me revelou em primeira mão os perigos que a Rússia representava para uma democracia imatura como a da Ucrânia. Ele considerava a Burisma essencial para manter a independência do país.

Um orador convincente, Kwasniewski fez um discurso apaixonado, até mesmo poético. Ele ressaltou a importância do momento histórico. O sufocamento da União Soviética na região ainda era história recente para ele: a Polônia e a Ucrânia haviam saído do controle soviético fazia pouco mais de duas décadas.

Ele disse que a ideia de que a Cortina de Ferro não poderia ser refeita da noite para o dia era uma fantasia do Ocidente.

— A Rússia sem a Ucrânia é apenas a Rússia – explicou. — A Rússia com a Ucrânia é a União Soviética.

Em seguida, ele mencionou as recentes eleições de populistas de direita na Polônia, bem como o surgimento de demagogos pró-Rússia em democracias antes emergentes em todo o Leste Europeu.

O avanço da Rússia na Ucrânia era a tentativa de Putin de anexar não apenas terras e pessoas, disse ele, mas também os setores mais significativos da economia do país, sendo a energia o principal deles.

— A única defesa contra essas agressões – disse Kwasniewski perto do final de sua conversa comigo pelo telefone – é fortalecer as entidades independentes e não governamentais. São elas que podem proporcionar a oportunidade que a Ucrânia precisa para se desenvolver.

Era inspirador. Era significativo.

E, para ser honesto, a remuneração era boa.

Não há dúvida de que valor que eu receberia por fazer parte do conselho, de cinco dígitos por mês, me atraiu. Não estava além da remuneração dada aos membros do conselho de empresas listadas na Fortune 500, mas eu não estava acostumado a uma quantia tão generosa para esse tipo de trabalho. Meu cargo na diretoria do Programa Alimentar Mundial era voluntário, e a Amtrak pagava apenas minhas despesas.

Os pagamentos vieram em um momento especialmente fortuito. Eu estava passando tanto tempo com Beau e ajudando em suas necessidades médicas que meu negócio estava sendo negligenciado. Não estou dizendo que não teria aceitado a oferta da Burisma se Beau não tivesse ficado doente, mas o dinheiro ajudou.

— É uma indústria privada, é claro que você vai ser bem remunerado – disse Kwasniewski em algum momento da conversa, interrompendo qualquer dissonância que estivesse sentido entre meu idealismo e a generosa remuneração.

— Você pode ser pago pelos russos ou pelas pessoas que estão lutando contra eles – acrescentou ele.

Eu estava interessado, mas cauteloso.

Eu sou diligente ao lidar com negócios internacionais, pois a linha entre os mocinhos e os bandidos é bastante tênue. A maioria das empresas fora dos Estados Unidos opera em uma zona cinzenta no que diz respeito aos mercados e às regras que devem obedecer. As empresas dos Estados Unidos aderem à Lei de Práticas de Anticorrupção no Exterior, que se aplica a qualquer entidade corporativa americana em suas operações domésticas e internacionais. É por isso que uma empresa como, digamos, a ExxonMobil não pode simplesmente subornar o presidente de Papua Nova Guiné pelos direitos de perfuração no país. A fiscalização para empresas de outros lugares é menos rigorosa.

Trouxe a questão da Burisma para Boies Schiller Flexner, escritório de advocacia com sede em Nova York onde eu era advogado. Com escritórios por todo o país e em Londres, o Boies Schiller é um escritório com muita *expertise* internacional e antes de aceitarem o contrato queriam averiguar se a Burisma era idônea ou infestada de corrupção.

A Burisma apresentou um relatório feito pela Kroll, uma empresa líder em investigações corporativas e que publica uma avaliação anual amplamente reconhecida chamada *Relatório Global de Fraude e Risco*. Embora o relatório garantisse a saúde financeira da empresa, ele havia sido realizado um ano e meio atrás. Isso me deixou preocupado.

Boies Schiller então contratou a Nardello & Co., outra investigadora internacional. Fundada por um ex-promotor federal, a Nardello se especializou na investigação de empresas estrangeiras por crimes de suborno e outras práticas de corrupção. Eles investigaram as operações da Burisma para garantir que seus ativos haviam sido adquiridos de forma legítima e que a comunidade internacional a via como uma empresa confiável. Era assim que a Burisma ganharia o apoio de aliados, de investidores cautelosos e continuaria a se expandir.

Foram verificadas todas as questões relevantes. Houve dúvidas na concessão de contratos para uma empresa que pertence ao Zlochevsky quando ele foi ministro da Ecologia e recursos naturais da Ucrânia. É nesse tipo de situação que as coisas podem ficar obscuras. Mas a realidade é que não havia muitas empresas privadas de gás natural na Ucrânia como a Burisma. A grande maioria da produção era estatal, mas a Burisma também tinha uma taxa de eficiência muito maior do que o Estado.

(Devo ressaltar aqui que nenhum dos investigadores sabia de um inquérito contra Zlochevsky que acabara de ser aberto no Reino Unido. As autoridades congelaram as contas bancárias de Zlochevsky em Londres, contendo US$ 23 milhões, enquanto investigavam as alegações de lavagem de dinheiro. O escritório de Fraudes Graves do Reino Unido descongelou os ativos no início de 2015 e desistiu do caso três anos depois.)

Assim como outras pessoas que não são da região, eu ainda não compreendia totalmente quão grande e profundo eram os tentáculos da corrupção russa na Ucrânia. Até hoje me surpreende ver como a Rússia está envolvida em tudo. É difícil dissociar alguém da região que teve sucesso sem o apoio inescrupuloso da Rússia.

Em minha investigação antes de entrar para o conselho, verifiquei se Zlochevsky era ou não um criminoso conhecido. Verifiquei se ele operava um negócio transparente, coerente e que seguia as condutas ocidentais de governança corporativa. Não fiz uma investigação mais detalhada para determinar se Zlochevsky adquiriu sua riqueza de forma honesta durante as décadas de cleptocracia e corrupção quando a Ucrânia era uma ex-república da União Soviética.

Em Zlochevsky, vi alguém que estava tentando romper com a influência russa, seja por interesse próprio ou por algum tipo de patriotismo. Sei que sua motivação ia além da autopreservação. Ele estava se voltando para o Ocidente em um momento crítico, pois era necessário que sua empresa continuasse a existir de forma independente e fora do alcance de Putin e das garras da cleptocracia russa.

Putin quer a Ucrânia por quatro razões bem definidas: quer recursos naturais, especificamente o gás natural, quer o porto na Crimeia, quer uma ponte terrestre entre o Extremo Oriente e a Europa e quer um "amortecedor" entre a Rússia e a OTAN, para aumentar sua esfera de influência.

A Rússia queria sequestrar a Burisma por uma razão bem simples: gás natural. John McCain disse isso da melhor maneira: "A Rússia é um posto de gasolina disfarçado de país". Excluindo-se petróleo e gás, o PIB da economia russa estaria um pouco à frente de Illinois no *ranking* dos cinquenta estados dos Estados Unidos. O poder de Putin vem de seu controle sobre os ativos naturais, especialmente energia – com as estimadas 6.800 ogivas nucleares da Rússia.

Seria fácil olhar para Zlochevsky e dizer que ele é parte do problema. Mas você tem que começar de algum lugar. Era um período de crise na Ucrânia. Por mais imperfeita que fosse a instituição que eu deveria defender, tinha certeza de uma coisa, ela se opunha aos interesses diretos da pessoa mais perigosa do mundo – Vladimir Putin. Kwasniewski fez questão de enfatizar isso.

Se eu precisasse escolher um lado – e ser pago por isso – eu teria hoje escolhido o mesmo lado, iria pelo mesmo caminho, em vez de apoiar a pessoa com quem o presidente Trump alinhou-se.

Depois de reunir todo esse histórico, Boies Schiller recomendou que a Burisma se esforçasse mais para cumprir os padrões ocidentais de transparência e governança corporativa e que buscasse se diversificar por meio de parcerias com empresas internacionais ao redor do mundo.

Além de Kwasniewski, o conselho incluía outros pesos pesados respeitados. Alan Apter, um investidor americano com residência em Londres que aconselha diversas empresas por toda a Europa Oriental. Joseph Cofer Black, que ingressaria no conselho em 2016, foi diretor do Centro de Contraterrorismo da CIA durante o governo George W. Bush.

Não há dúvida de que meu sobrenome era uma credencial cobiçada. Isso sempre acontecia – ou você acha que se algum dos filhos do Trump alguma vez tentasse conseguir um emprego fora da empresa do pai, o sobrenome não seria uma coisa importante na hora de decidir pela contratação? Minha resposta para isso sempre foi trabalhar duro para que minhas realizações se sustentassem por si mesmas.

Ainda assim, eu era totalmente qualificado para fazer o que precisava ser feito. Como acontece com muitos conselhos, não fui chamado para dar conselhos em áreas onde a empresa já tinha *expertise* – nesse caso, gás natural. Meu trabalho era fazer o que Boies Schiller recomendou: garantir que a Burisma implementasse as melhores práticas corporativas, e que fosse aprovada em qualquer apuração ética. A Burisma não estava começando do zero, não era um brinquedo de algum oligarca ocioso. É uma empresa incrivelmente bem administrada.

Sou um especialista em governança corporativa? Tenho experiência e mantenho boas relações no mundo todo?

Quando era presidente não remunerado do Programa Alimentar Mundial, que os Estados Unidos apoiaram por meio de seis diferentes agências, ajudei a fazer com que os recursos aumentassem em 60% em cinco anos, chegando a mais de US$ 2 bilhões. Em meu trabalho em outras organizações sem fins lucrativos, incluindo Catholic Charities e Campanha One, do Bono, interagi com governos e representantes oficiais em muitos países: Jordânia, Síria, Líbano, Quênia, Djibouti – a lista é longa. Quando estava na Amtrak, liderei a busca por um novo presidente, com a promessa de negociar um contrato sindical pela primeira vez em oito anos. Como diretor do Departamento de Comércio, no final da década de 1990, com foco em comércio eletrônico, viajei com frequência com o então secretário William M. Daley para vários lugares, do Uruguai ao Cairo, do Vietnã a Gana. Viajei trabalhando por meu próprio negócio de consultoria e tinha tantos contatos em lugares tão variados que meu argumento de venda para os clientes era que poderíamos ajudar a construir seu portfólio "de Baltimore a Pequim".

Então, sim, eu levei alguma coisa além do meu nome para a mesa do conselho da Burisma.

Minha associação foi transparente e amplamente divulgada desde o início. A Burisma divulgou um comunicado à imprensa sobre minha nomeação e, uma semana depois de nomeado, o *Wall Street Journal* publicou uma nova matéria sobre isso. Foi quando papai me ligou e disse: "Espero que você saiba o que está fazendo", querendo ter certeza de que havia investigado e feito a lição de casa para garantir que estava do lado certo das coisas.

Eu assegurei a ele que sim. Estive envolvido em empresas no exterior durante seus dois mandatos como vice-presidente – uma vez que tive de parar de fazer *lobby* pelos interesses das universidades jesuítas, entre outros – e ninguém na Burisma havia sequer insinuado que queria que eu influenciasse na administração do meu pai. O fato é que quase não havia um lugar no mundo que não cruzasse de alguma forma a esfera de influência dele.

O diretor executivo da Citizens for Responsibility and Ethics [Cidadãos pela Responsabilidade e Ética] em Washington, um grupo de vigilância do governo sem fins lucrativos, disse a um repórter na época: "Não é porque o pai dele é o vice-presidente que ele precisa ficar sem fazer nada".

A ironia é que o peso do meu nome na Ucrânia veio da posição do esforço do meu pai para que o governo do país mudasse de atitude. Tanto o apoio dos Estados Unidos quanto o internacional à Ucrânia e ao presidente pró-Ocidente que substituiu Yanukovych estavam vinculados a erradicar a corrupção. Em muitos casos, essa corrupção estava diretamente ligada à crescente influência de Putin.

Uma prioridade para meu pai era a demissão do procurador-geral do país, Viktor Shokin, por não combater adequadamente a corrupção. Era uma visão amplamente compartilhada pelos aliados europeus. A Burisma estava entre as grandes empresas que Shokin recebeu críticas por não investigar.

O que me chamou a atenção, depois de examinar a Burisma, foi perceber como era importante para a Rússia assumir o controle do setor energético da Ucrânia. Como Kwasniewski me detalhou durante sua apresentação inicial, a Rússia parecia atacar a Burisma tanto quanto atacava a Ucrânia.

Desde então, essa alegação foi validada por diversos acontecimentos.

Veio à tona que espiões militares russos tentaram hackear a Burisma em busca de patifarias minhas e do meu pai no outono de 2019. A incursão deles nos servidores e *e-mails* da Burisma coincidiu com a investigação de *impeachment* de Trump no Congresso, em novembro do ano anterior. A investigação se concentrava no fornecimento de armas ao presidente ucraniano Volodymyr Zelensky, caso abrisse uma investigação contra mim e a Burisma. Trump apoiou as ameaças na Ucrânia entregando quase US$ 400 milhões em ajuda militar e colocando vidas ucranianas em risco. Os agentes russos pertenciam à mesma agência de espionagem que hackeou o presidente de campanha da Hillary Clinton, John Podesta e os servidores do Partido Democrata em 2016.

Enquanto isso, a missão suja de Giuliani em nome do presidente se desenrolava quase que diariamente. Textos e documentos fornecidos por Lev Parnas, o agente ucraniano-americano de Giuliani, revelaram quão baixa e corrompidas eram essas negociações no exterior – e mostram por que Trump adotou meu nome como principal tema para desviar a atenção do nome dele. Isso inclui anotações que Parnas fez enquanto falava com Giuliani por telefone em um hotel em Viena. Uma delas era uma referência quase cômica do nítido esforço deles para obrigar "Zalensky" (foi assim que Parnas escreveu o nome dele na anotação) a anunciar uma investigação contra meu pai. Na verdade, ela dizia quase isso: "Faça que Zalensky anuncie que o caso Biden será investigado".

Entre as muitas revelações estrondosas de Parnas, uma das mais contundentes foi a conexão de Giuliani com Dmytro Firtash, um oligarca ucraniano que os promotores federais dos Estados Unidos descreveram em documentos judiciais como um associado do crime organizado russo (o que ele negou). Descrições mais benevolentes de Firtash incluem um "agente de influência do Kremlin" e, de um parlamentar ucraniano que o investigou, "uma pessoa política que representa os interesses russos na Ucrânia". Também foi relatado que Firtash tem ligações com Semion Mogilevich, que seria o "chefe dos chefes" da máfia russa e que está na lista dos dez fugitivos mais procurados do FBI.

Firtash também parece ser a pessoa com quem Giuliani supostamente tentou fazer um acordo, prometendo fazer com que o Departamento de Justiça dos Estados Unidos desistisse das tentativas de extraditá-lo para os Estados Unidos sob a acusação de suborno.

O mais importante não é saber se tudo o que foi relatado contra Parnas é verdade ou não. Nas palavras de um colunista do *New York Times*: "O simples fato de uma pessoa como Parnas estar realizando missões internacionais de alto nível para o presidente mostra como essa administração é destrutiva".

Foi por isso que a Burisma levou em conta meu sobrenome. Como Kwasniewski depois afirmou: "Entendo que se alguém me pede para fazer parte de algum projeto, não é apenas porque sou muito bom em algo; também é porque sou Kwasniewski e porque sou ex-presidente da Polônia. E tudo isso está interligado. Se você não tem um nome importante, não é ninguém. Ser um Biden não é ruim. É um ótimo nome".

Para ser franco: ter um Biden no conselho administrativo da Burisma era um grande "vai se foder" para Putin.

Entrei para o conselho em abril de 2014.

Cada conselho tem uma dinâmica diferente. Eles podem ser combativos em tempos de crise, turbulências na liderança ou em uma aquisição iminente. Os conselhos podem atuar como árbitros ou agentes de mudança. No caso da Burisma, éramos em grande parte barreiras de proteção para o caso das operações saíssem dos trilhos, a agenda se desviasse da norma ou se os atritos com a Rússia voltassem a acontecer.

A Burisma funcionava como uma máquina, com a confiança de uma empresa que tinha muito espaço para crescer. O conselho se reunia duas vezes por ano para reuniões ou fóruns de energia em vários locais da Europa. As preocupações ou divergências que podiam surgir sobre as decisões organizacionais eram resolvidas com antecedência. Recebíamos comunicados regulares sobre contratações, projetos em andamento ou potenciais e outros assuntos da empresa e os aprovávamos conforme necessário. Nas reuniões, aprovávamos as resoluções exigidas pelo regulamento e auxiliávamos com ideias para a expansão dos negócios.

A cultura organizacional é voltada a realizações e estudos. Isso vem do Zlochevsky. Não há como deixar de notá-lo: ele é pura massa vestida em ternos feitos sob medida e trejeitos cavalheirescos. Seu rosto bochechudo sempre exibe um sorriso presunçoso, o que seria desconcertante se não fosse dirigido a si mesmo. Ele não tolera pessoas tolas e levianas.

Ele fala russo e ucraniano, não fala inglês. Nas reuniões do conselho, havia um tradutor simultâneo e os membros usavam fones de ouvido como os que você vê na Assembleia Geral das Nações Unidas. Mesmo durante os jantares do conselho, com o tradutor sempre sentado ao lado dele, Zlochevsky não era de conversar muito ou de contar histórias: era do tipo ouvinte. Kwasniewski falava polonês, russo, ucraniano e inglês (e provavelmente outras seis línguas), nos presenteava com suas percepções dos bastidores da política e histórias políticas detalhadas do passado da Polônia. Apter costumava nos explicar sobre a realidade do Brexit e a sustentabilidade da União Europeia. Zlochevsky apenas se inclinava para a frente e prestava atenção. Ele olhava fixamente para todos – até para os garçons.

Zlochevsky é um especialista em energia. Ele fica animado quando fala sobre geologia, engenharia e sobre o maquinário pesado por trás das operações de perfuração do Burisma. Ele é meticuloso quanto aos detalhes associados às suas indústrias energéticas: os sistemas, a pureza. Ele adora exibir vídeos feitos por drones que dão uma visão panorâmica de como a vasta rede de canos usados para extrair gás está interligada. Seus amigos mais próximos são os jovens engenheiros da empresa e outras pessoas na Burisma que fazem todo trabalho técnico.

Contudo, ele não é apenas um tecnocrata frio. Quando foi ministro da Ecologia, Zlochevsky defendeu o fim de uma prática antiga na Ucrânia – de manter ursos acorrentados em cativeiro abertos. Foi uma postura politicamente impopular, mas ele perseverou e fez as reformas.

Ele foi incrivelmente gentil comigo quando Beau morreu. Dois meses após o funeral, Zlochevsky mudou o local da reunião de conselho da Burisma para um chalé de pesca que ele tinha no Mar do Norte, no topo da Noruega, no fim da plataforma continental. A mudança foi motivada por um comentário rápido que fiz uma vez sobre como o filho do Beau adora pescar. Zlochevsky me disse para levar o pequeno Hunter comigo, e eu o levei, com minha filha Maisy, que está sempre pronta para uma aventura.

Foi durante o verão e as intermináveis noites brancas. Por três dias, largamos uma linha a 30 metros de profundidade com nove anzóis em níveis diferentes e pescávamos nove peixes. O pequeno Hunter e Maisy pularam de um cais na água gelada, depois desceram e pularam nas banheiras de água termal. Fiquei isolado durante a maior parte do tempo – acredito que mais do que Zlochevsky gostaria – mas todos nós nos divertimos muito, lá em cima, no topo do mundo. Apreciei muito a consideração que ele teve por mim.

Meu trabalho para a Burisma se concentrou em monitorar as práticas corporativas e sugerir melhorias sempre que necessário. Como responsabilidade adicional, assumi o desenvolvimento de negócios e a expansão das operações da empresa. Eu queria que o resto do mundo visse que a Burisma poderia operar com responsabilidade fora da Ucrânia.

Defendi um projeto geotérmico na Itália e me empenhei para que fizéssemos parte do projeto do oleoduto e das operações de perfuração no Cazaquistão. Quando a Pemex, uma empresa petrolífera estatal do México, estava buscando parceiros para privatizar as operações de perfuração na formação rochosa Eagle Ford, no norte do país, entrei em contato com antigos parceiros de negócios que havia feito na Cidade do México, depois viajei para organizar as reuniões.

A Burisma era muito boa no que fazia e estava cada vez melhor para fazer mais. Foi isso o que acompanhei, incentivei e promovi.

E, por causa disso, meu nome se tornou um dos principais temas da campanha de Trump, e que ajudou a arrecadar milhões em vendas de camisetas.

Onde está o Hunter?! Vinte e cinco dólares! Do tamanho P ao XXXG!

Eu errei ao aceitar a vaga no conselho de administração de uma empresa de gás da Ucrânia?

Não.

Cometi um erro de julgamento?

Não

Faria isso de novo?

Não.

Não fiz nada antiético e nunca fui acusado de transgressão. Em nosso ambiente político atual, não acredito que faria qualquer diferença se aceitasse o cargo ou não. Eu seria atacado de qualquer maneira. O que acredito, neste clima atual, é que não importaria o que eu fiz ou deixei de fazer. Os ataques não eram dirigidos a mim. Meu pai era o alvo.

E ele sabe disso bem melhor do que eu. Sempre que eu pedia desculpas por trazer tanto tumulto para a campanha dele, ele respondia dizendo o quanto estava arrependido por me colocar no foco e tumultuar minha vida, especialmente quando estava determinado a ficar bem.

Esse foi o maior debate político que meu pai e eu tivemos em meses: quem deveria pedir desculpas a quem?

Meu único erro de julgamento foi não levar em consideração, em 2014, que em três anos Trump estaria na Casa Branca e empregaria todas as táticas de destruição à sua disposição para permanecer lá.

Agora, sabendo de tudo isso: Não, eu não faria de novo. Eu não aceitaria a vaga no conselho da Burisma. Trump teria que procurar em outro lugar para encontrar uma distração adequada para seu comportamento passível de um *impeachment*.

Mas houve uma consequência muito pior e não intencional da minha passagem pela Burisma. Os danos foram mais sombrios, à sua maneira, do que qualquer uma das tolices que Giuliani tenha inventado a meu respeito.

A Burisma se tornou um grande facilitador durante a recaída mais acentuada que tive no vício. Embora os robustos salários pagos tenham dado a mim mais tempo e recursos para cuidar do meu irmão, eles também impulsionaram meus piores sintomas na dependência química após a morte do Beau. A Burisma não era minha única fonte de renda durante esse período. Eu fui um adicto funcional quase até o fim. Mantive clientes por mais tempo do que se possa imaginar e recebia dinheiro de investimentos feitos em outros lugares ao longo dos anos.

Mas naquela época, maluca e sinistra, o pagamento que recebia do conselho se transformou em uma espécie de dinheiro fácil, que eu gastava de forma imprudente, perigosa e destrutiva.

Era desprezível.

Mas eu fazia.

CAPÍTULO SETE

CRACK

Cerca de quatro meses depois de voltar de Esalen, mergulhei em um tipo de compulsão que poucos adictos percebem que entram.

Fiquei sóbrio após aquele período em que fiquei bebendo entrincheirado em meu apartamento. Mantive meu tratamento ambulatorial em uma clínica de reabilitação em Washington, onde a equipe me testava regularmente para álcool e drogas. Eu estava recuperando minha saúde, comia bem e praticava yoga todos os dias, ao mesmo tempo em que me recolocava no mundo real como consultor de cinco ou seis clientes importantes.

Então, no fim de semana do Memorial Day de 2016, fui para Monte Carlo para participar de uma reunião do conselho da Burisma. Eu me sentia forte o bastante para levar minha filha mais velha comigo, Naomi; seria um presente de formatura, pois ela havia se formado no início daquele mês na Universidade da Pensilvânia.

O fim de semana rapidamente se tornou conflituoso – e depois desastroso. A reunião do conselho em si foi normal e de maneira geral proforma. No entanto, eu acabei subindo no palco para discutir economia global com um painel de estimados economistas e ex-ministros da Economia de toda a Europa do tipo que "nunca-ouvia-uma-opinião-contraria-que não poderia refutar".

Meu primeiro erro: dizer o que queria dizer. Meu segundo erro: estar certo sobre o que estava dizendo.

Defendi a opinião de que o referendo sobre o Brexit, que seria realizado no Reino Unido em algumas semanas, tinha boas chances de ser aprovado. A sabedoria convencional afirmava que o Brexit estava fadado à derrota. Mas essa sabedoria estava se dissolvendo com o surgimento do populismo de extrema direita em todo o mundo, incluindo a Polônia, o Brasil e a França. Nos Estados Unidos, Trump se tornou o provável candidato à Presidência pelo do Partido Republicano. Não era preciso ser um médium para perceber para onde as coisas estavam indo. Tudo o que você precisava fazer era levantar o dedo para cima para perceber os ventos da mudança.

Eu não disse que o Brexit seria uma boa escolha para o Reino Unido. Mas, como havia acontecido com movimentos semelhantes em outros lugares, isso não parecia ter importância. Eu acreditava que as chances de votarem pela saída da União Europeia eram maiores – apesar de não ser a visão preponderante. Optariam pelo Brexit mesmo que isso também fosse prejudicá-los. Mas meus colegas no painel econômico, que haviam trabalhado para estabelecer e preservar a União Europeia, não aceitavam essa possibilidade. Em linhas gerais, fui chamado de louco.

Eu poderia simplesmente ter deixado rolar e seguir em frente, ou ter respondido de maneira diplomática. Em vez disso, quando aquele grupo de homens sábios de barba grisalha rejeitou minha ideia sobre o Brexit de uma forma que considerei arrogante e condescendente (*Mas o que um americano pode saber sobre isso?*) levantei meu dedo e o enfiei, metaforicamente, no olho daqueles estimados sujeitos do painel.

A discussão rapidamente ficou bélica, e em seguida, desagradável. Vi Naomi se contorcendo na plateia.

Dei um jeito de acabar com a discussão, mas depois fui tomar alguns drinques. Naquela noite, enquanto Naomi estava fora com a filha de Zlochevsky, fui até a boate do hotel e bebi um pouco mais. Monte Carlo é uma grande tentação para qualquer um, e quando fui ao banheiro, me ofereceram cocaína.

Eu aceitei.

Me senti imediatamente mal pela recaída. Quando voltamos para os Estados Unidos, fui direto para a clínica e confessei aos meus conselheiros o que tinha feito. Depois falei sobre a recaída na sessão em grupo daquele dia. Vi minha recaída como um revés preocupante, mas não irreversível. Eu ainda estava comprometido com a recuperação.

Então, um conselheiro disse que precisava informar Kathleen sobre o que havia acontecido – esse era nosso acordo quando comecei meu tratamento lá. Também disseram que eu precisava fazer um teste de uso de drogas, embora tivesse acabado de admitir o que tinha feito. Kathleen e eu estávamos separados havia quase um ano e nosso divórcio era iminente. O teste não era protegido pelas diretrizes das leis de privacidade relacionada a informações médicas e poderia ser usado no tribunal contra mim. Senti-me numa emboscada. Recusei-me a fazer o teste de drogas, mas era responsável pelo que tinha feito. Não queria aquilo no papel, só queria ficar bem.

A discussão ficou quente. Um conselheiro em outra clínica já havia dito às minhas filhas meses antes que, se falassem comigo, seriam cúmplices da minha morte – na minha opinião, uma conduta perversa. Então, eu estava com o pavio curto e esse pavio foi aceso pela teimosa insistência da clínica na realização de um teste de drogas para provar algo que eu já havia admitido.

Saí do prédio como um furacão. E como qualquer bom adicto ou alcoólatra, abracei meu ressentimento para atiçar meu vício.

É assim, em poucas palavras, que pensa um adicto.

Subi na minha bicicleta e fui direto para uma área perto da Franklin Square, na Rua 14 com a K, um antigo ponto de venda de drogas a poucos quarteirões de distância da Casa Branca. Era um fim de tarde quente e as ruas estavam quase todas vazias. Não demorei muito para achar o que estava procurando:

A moça da bicicleta.

Quase todo mundo que mora ou trabalha em Washington já viu a moça da bicicleta entrando e saindo do trânsito ou desviando de pedestres na calçada em uma *mountain bike* que parece ter três vezes o tamanho dela. Ela geralmente usa uma mochila e um boné de beisebol, e tem uma voz aguda e penetrante que pode ser ouvida a um quarteirão de distância quando grita para saírem da frente de seu caminho, coisa que ela faz com muita frequência.

Rhea é uma mulher negra de meia-idade, uma sem-teto que conheci por volta do meu último ano em Georgetown (por acreditar que ela ainda mora nas ruas, escolhi um nome fictício). Em uma noite sai para beber com alguns amigos, fiquei de mau humor – daquele jeito quando você quer que tudo vá para o inferno – e sai no meio da noite para vir a este mesmo parque. Foi no auge da epidemia de *crack*, no início dos anos 1990, e com o senso equivocado de desventura de um usuário de drogas novato, decidi ver o porquê de tanto alvoroço.

Um viciado em *crack* apareceu do nada na minha frente e me perguntou o que eu estava procurando. Eu disse a ele que queria algumas "pedras", termo comum para o *crack*. Ele disse claro, me dá US$ 100 que pego para você. Nada disso: eu não sou um garoto ingênuo da faculdade, ou pelo menos foi isso que tentei projetar. O cara disse que não tinha problema, que deixaria comigo um pé de seus sapatos como garantia. Isso fazia sentido às 2 da manhã: quem iria embora sem voltar para pegar o sapato? Ele garantiu que voltaria com o pedido bem rápido.

Fiquei lá, na escuridão, esperando em um parque onde você não gostaria de estar ao meio do dia, muito menos à noite – segurando um sapato velho e surrado.

Dez minutos depois, sem ideia de onde estava aquele viciado, me aparece uma mulher negra franzina alguns anos mais velha que eu, mas parecendo ter o dobro da minha idade, pedalando uma bicicleta e me mostrando o sapato que fazia par com o que eu ainda estava segurando.

— Seu cretino idiota – disse ela em um tom alto e exaltado. — Você caiu em um dos golpes mais antigos. Seu burro...

— Quem diabos é você? – retruquei.

Tentei manter minha postura de alguém das ruas. Deve ter sido hilário.

A moça da bicicleta então me explicou com uma paciência de quem se cansou do mundo do tráfico. Ela me disse que usavam sapatos velhos para arrancar dinheiro de presas fáceis como eu. Para provar seu ponto, ela pegou o sapato que o viciado havia escondido.

Eu fiquei lá parado como um estudante idiota de faculdade acreditando que ele voltaria. A mulher então me vendeu um pouco do *crack* que tinha com ela e me disse para dar o fora.

— Você vai acabar se machucando, garoto – advertiu-me ela.

Avancemos duas décadas no tempo.

Depois de sair da clínica cheio de raiva, vi a moça da bicicleta passando por ali, fiz sinal para que ela se aproximasse e perguntei se ela poderia conseguir algumas "pedras" para mim. Desde a época em que estudava em Georgetown, dava a ela alguns trocados quando a via nas ruas e acabamos nos tornando amigos de passagem. Washington às vezes é assim, como uma cidade pequena. E mais recentemente, desde quando me mudei para o apartamento, ela às vezes passava pela rua do prédio e gritava para ver se eu precisava de alguma coisa. Ela pegava o dinheiro que eu jogava pela janela que fica no segundo andar, me comprava cigarros ou qualquer outra coisa que eu precisasse em uma loja de conveniência e pegava o troco para ela.

A resposta dela ao meu pedido por "pedra" desta vez foi rápida e clara:

— Você não quer fazer isso.

Ela é usuária há décadas, mas não é traficante, só vende para ter dinheiro suficiente para comprar. Mas eu insisti, e não foi preciso muito para convencê-la. Ela precisava do meu dinheiro tanto quanto eu precisava do acesso que ela tinha às drogas; ela pegava US$ 100, comprava dez pacotes, entregava oito e ficava com dois para ela. Nossa relação era simbiótica: eu tinha dinheiro e ela as drogas, apesar do fato de que nós dois não desejássemos que o outro usasse. Éramos dois viciados em *crack* que não conseguiam largar o cachimbo.

Uma farsa de um ato.

Depois de passar por aqueles falsos rituais de preocupação, Rhea arrancou da minha mão os US$ 100, pedalou e voltou minutos depois com o que eu queria.

Não tenho certeza da sequência de eventos que se seguiram. Mas lembro que as primeiras "pauladas" que dei resultaram em um barato ligeiramente melhor do que da época da faculdade. Assim como fiz naquela época, empurrei uma pequena pedra de *crack* na ponta do cigarro e o acendi.

Assim como em qualquer coisa nas quais que se deseja ter sucesso, fumar *crack* requer prática e as ferramentas certas. Voltei ao mesmo local no dia seguinte, e dessa vez Rhea chegou com os utensílios: *crack*, um cachimbo e uma tela. Ela também me deu um breve tutorial para ter certeza de que eu faria da maneira correta.

Avistei uma cadeira escondida por um pilar na frente de um café fechado. Acomodei-me, levei o cachimbo à boca, acendi a pedra e inalei. Em um instante, experimentei o que é chamado de "Beijo de Deus" – o Santo Graal do *crack*.

A sensação é de um bem-estar absoluto, quase sobrenatural. Você fica ao mesmo tempo disposto, focado e calmo. O sangue corre para cada extremidade; sua pele começa a pinicar. Os olhos se arregalam e ficam alerta. O tímpano se comprime a tal ponto que cada som flui com muito mais intensidade – como um tiro de rifle – a ponto de você achar que está tendo alucinações auditivas. Na verdade, você está apenas com hipersensibilidade auditiva – você é um cão de caça. Capta o mais leve ruído a um quarteirão de distância.

Persegui aquela sensação muitas vezes, pelos três anos seguintes.

Se sua intenção ao dar aquela primeira "paulada" é anestesiar-se para não sentir mais a dor ou a vergonha que estava sentindo momentos antes, então o *crack* vai ser o seu novo melhor amigo.

Depois da primeira brisa, fumei todos os dias nas duas semanas seguintes. Era, de fato, meu novo melhor amigo. A bebida agora era como um velho colega da época do colégio com quem eu ainda me encontrava, mas que via menos com o passar do tempo. Gastei alguns milhares de dólares em *crack* nessas duas primeiras semanas, com Rhea sendo meu canal de acesso. Antes que eu percebesse, estava viciado. Fazia parte do grande e maldoso mundo de abuso de substâncias. Como é dito pela sociedade, eu havia cruzado uma linha e não tinha mais volta. Eu sabia disso quando a cruzei. Levei o cachimbo de **crack** à boca, acendi o isqueiro com o polegar e, antes de inalar, pensei: *Que merda você está fazendo!*

Mas meu novo melhor amigo tornou-se cada vez mais exigente. O algoritmo mais autodestrutivo do vício: se você está se entorpecendo para evitar sentimentos ruins, traumas ou aversão a si mesmo, esses sentimentos voltarão com o dobro da intensidade à medida que o "barato" passar.

O antídoto é simples: mais. No entanto, quanto mais droga você usa, menos eficaz ela se torna – menos "brisa" e sensação de bem-estar pelo dinheiro gasto. Também existe um antídoto para isso: muito mais. O poder de não sentir nada, mesmo que seja por apenas alguns segundos fugazes, continua sendo o único poder que você tem.

Por mais louco que pareça, alguém que abusa das drogas muitas vezes se sente mais inteligente do que alguém que não usa. Eu não era um bêbado desleixado ou malvado, não era um "noia" podre e perigoso. Seja por motivo genético ou fisiológico, tenho a capacidade e tenacidade para usar drogas em excesso e uma tremenda falta de disposição para cessar o uso. Isso torna mais fácil usar drogas do que não as usar. Havia descoberto como parar de me sentir mal enquanto continuava com meus negócios. Eu não conseguia compreender como as pessoas que não eram adictas não entendiam o quão bom é o *crack*. Quero dizer, se soubesse o quão bem você se sente, talvez não olhassem para mim como se eu tivesse três cabeças.

É claro que é tudo ilusório e autodestrutivo – mas não naquele momento. Naquele momento, você pode fumar *crack* 24 horas por dia, todos os dias, e ainda fazer suas reuniões (às vezes), ainda retornar suas ligações (às vezes), ainda pagar suas contas (às vezes).

E quando você é incapaz de fazer essas coisas por si só? Sempre há o *crack* para fazê-lo não se sentir tão mal consigo mesmo.

Eis um pensamento que nunca temos:

Largue esse cachimbo agora!

O *crack* é apenas uma resposta. Não "a" resposta, mas é a resposta mais óbvia para a pergunta que os não usuários fazem aos adictos o tempo todo.

Eles: Por que você usa drogas?

Nós: Porque me fazem sentir bem.

Isso é obvio.

Rhea acabou se mudando para meu apartamento e ficou lá por cerca de cinco meses.

Certa noite, estava caindo um dilúvio quando ela parou embaixo da minha janela para saber se eu precisava de alguma coisa. Ela estava encharcada e eu insisti para que ela entrasse. Ela carregou sua bicicleta até o segundo andar, viu um colchão no meu quarto vazio e adormeceu lá.

Na manhã seguinte, fui trabalhar e deixei uma chave reserva. Quando voltei para casa, ela ainda estava lá e nada havia sumido. Três dias depois, ela ainda estava lá. Cinco dias depois, deixei com ela um molho de chaves. Ela nunca se mudou oficialmente. Eu nunca disse: "Fique com o quarto de hóspedes". Mas ela ficou lá até o dia em que me mudei.

Eu sei que parece loucura. Mas, eu sabia que Rhea era inteligente e já estava nas ruas há bastante tempo para perceber que aquela situação era vantajosa para ela, a trapaceira mais honesta que já conheci. Às vezes me ligava no trabalho para dizer: "Encontrei alguns dos seus cartões de crédito...". Ou: "Não roubei o seu cartão do banco, eu o peguei. Essa é a diferença, sempre vou lhe contar. Nunca vou mentir".

— Rhea – eu dizia suspirando, temos que parar com isso.

Rhea também é a pessoa mais engraçada que conheço, bem como a mais excêntrica. Ela é atormentada por um comportamento obsessivo-compulsivo devido a vários anos de abuso de drogas. Ela se veste com roupas limpas e bem conservadas e sempre está cheirando bem – a frescor. Sempre que pode, toma dois banhos e escova os dentes e limpa as unhas obsessivamente. Ela chegou a ficar no metrô por dias, ou até semanas, usando um pequeno depósito público para guardar suas roupas, que fica arrumando compulsivamente. No meu apartamento, ela assistia apenas a programas sobre crimes reais, e isso alimentava ainda mais sua paranoia quando fumava muito e ficava sem dormir.

Um desses programas detalhou o caso de um cara clinicamente louco que arrombava casas, morava escondido no local e depois matava todo mundo. Ele acabou sendo capturado, mas escapou da prisão. Eu estava em Los Angeles quando Rhea assistiu ao episódio e depois me ligou em pânico. Quando cheguei em casa, ela havia colocado fita adesiva no olho mágico da porta, como se quem passasse por lá a ficasse espiando. Ela tinha certeza de que o maníaco que vivia escondido nas casas ainda estava à solta e prestes a aparecer a qualquer minuto.

Rhea me contou inúmeras histórias sobre sua infância. Ela foi criada na casa da avó, no sudeste de Washington, perto do RFK Stadium, e era torcedora do time de futebol americano de Washington. Seus pais eram ausentes e havia pouca supervisão. Ela era travessa. Ela se esgueirava para a delegacia de polícia, escondia-se no saguão, rastejava para debaixo de um banco e passava a noite lá. Às vezes dormia na traseira das viaturas estacionadas, escondia-se abaixada no assoalho e ficava andando por aí na viatura sem que os policiais a notassem. Certa vez, ela viu um *show* do Prince depois de entrar escondida na arena dois dias antes do evento e dormir sob as arquibancadas.

Quando tinha cerca de 17 anos, ela decidiu ir para Tampa ver o Washington jogar no Super Bowl [jogo final do campeonato de futebol americano]. Pegou um trem com destino à Flórida e fez todo o trajeto até Norfolk. Um segurança a avistou quando ela estava indo para o vagão-restaurante. Quando pediu a passagem dela, Rhea disse que estava com seus pais. "Querida", o funcionário disse antes de entregá-la às autoridades na próxima estação, "você e eu somos os únicos dois negros neste trem. Então, não sei quem você acha que são seus pais."

Quando ficou mais velha, Rhea chegou a morar dois anos em hotéis de beira de estrada sem pagar nada. Ela se esgueirava para dentro dos quartos logo que as faxineiras terminavam de limpar, se escondia debaixo da cama e passava a noite ali antes que novos hospedes chegassem.

Ela me disse que tinha sete filhos, um no corredor da morte, outro em prisão perpétua. Ela não sabia o paradeiro dos outros cinco. Eu a ouvi falando ao telefone uma ou duas vezes com uma irmã que morava na área. Esse parecia ser seu único relacionamento.

Quando Rhea não tinha onde ficar, ia para algum prédio onde pudesse se esconder e dormir nas escadas. Também havia um apartamento em um conjunto habitacional público onde ela ficava alojada com outras pessoas pelo maior tempo que conseguisse. Ela tinha que fazer o *check-in* em um posto da guarda em frente ao local. Lá eles mantinham o registro das entradas e saídas, e ela constantemente discutia com os guardas por ter excedido o número máximo de vezes que podia se hospedar.

Rhea fugia da polícia como de uma praga. Fazia muito tempo que não era presa, mas me disse que tinha antecedentes – crimes pequenos como invasão a domicílios, em geral de pessoas que ela conhecia – embora fosse alguém tão conhecida nas ruas que morria de medo de ser presa por alguma besteira trivial e passar muito tempo na cadeia. Eu nunca soube que ela tenha cometido algo mais grave do que pequenos furtos em lojas.

Rhea sobreviveu por décadas nas ruas onde morrem pessoas todos os dias. Ela não é uma pessoa fácil, como você pode imaginar; tem um temperamento explosivo e problemas para lidar com a raiva. Às vezes assumia a personalidade de uma louca com problemas mentais para que outras pessoas da rua não mexessem com ela. Isso ajudava a espantar os predadores, evitava que a atacassem, uma mulher franzina e, agora, idosa é sempre uma presa fácil.

Entre as muitas enfermidades associadas ao uso de *crack* por um período longo, Rhea sofria de neuropatia periférica. Ela me disse que é uma condição bastante dolorosa que havia sido induzida por uma reação alérgica que teve à cocaína misturada com lidocaína, um agente anestésico usado com frequência na medicina para bloquear os nervos. Ela perdeu a sensibilidade nas extremidades: dedos das mãos e dos pés, nariz e nas pontas das orelhas. Quando o tempo esfriava ou ela fumava demais, seu nariz e orelhas inchavam como balões.

Agora Rhea estava morando comigo. E eu ficava fora a maior parte do tempo, viajando em família ou a negócios, ou apenas tentando desaparecer. Mas quando estava em casa, nós dois interagíamos como uma versão maluca e confusa do filme *Um Estranho Casal* (*The Odd Couple*), os hábitos obsessivos por limpeza de Felix Unger se opondo à bagunça de Oscar Madison.

Ela monopolizou a TV e só assistia àqueles programas de crimes reais, com o volume quase no máximo. Isso me deixava louco. Eu usava fones de ouvido ou gritava para ela desligar a maldita TV. A ocasião em que eu tive mais raiva dela foi quando ela pegou um cinto que eu adorava e cortou ao meio para que servisse na sua cintura tamanho zero. Rhea pesava no máximo 40 quilos.

Provavelmente eu a irritava mais do que ela a mim. Ela ficava brava quando eu deixava roupa suja na mesa de centro ou derramava vodca no tapete. Quando eu não estava viajando, ela passava mais tempo fora do apartamento do que eu – depois de tantos anos morando nas ruas, ficar confinada dentro de casa por muito tempo a deixava desconfortável e claustrofóbica.

Claro que ela pagou o preço por todos esses anos morando na rua. Ela mancava por causa de uma infecção no tornozelo ou de uma artrite no quadril. Às vezes, a bursite quase a imobilizava – a dor que ela sentia apenas para se levantar podia ser insuportável. Eu a levava para um pronto-socorro quando as dores se agravavam. Caso contrário, ia à farmácia para pegar os remédios que haviam sido prescritos para ela em uma clínica: antibióticos para qualquer tipo de infecção que ela viesse a ter.

Era de partir o coração.

Mas, de um modo geral, apenas ficávamos plantados no sofá fumando toneladas de *crack*, por várias horas, dia após dia: o mesmo ritual deprimente se repetia: cachimbo, redinha, *crack*, isqueiro; cachimbo, redinha, *crack*, isqueiro; cachimbo, redinha, *crack*, isqueiro.

Muitos objetos comuns antes imperceptíveis transformaram-se em equipamento indispensável à nossa rotina sagrada. O cachimbo que usávamos com mais frequência, chamado de haste, era, na verdade, um tubo de vidro feito na China que vem com uma rosa de papel dentro. Vendido como bugiganga decorativa e conhecido como "rosa de vidro", é bastante utilizado para fumar *crack*. O tubo tem o mesmo comprimento e largura de um cigarro de 10 centímetros e, portanto, pode ser escondido dentro de um maço de cigarros.

A redinha é uma bucha de aço da marca Chore Boy. Ela vinha embalada em pacotes laranja com um personagem vestindo um macacão azul e um boné vermelho voltado para trás, O Chore Boy é feito para limpar potes e frigideiras. Os usuários de *crack* o chamam de *choy*, e utilizam-no como uma redinha para segurar a pedra de *crack* no cachimbo. Rhea sempre acendia o *choy* primeiro para queimar quaisquer resíduos químicos do aço.

Nas mercearias de Washington, frequentadas por usuários de drogas, se alguém pede o "um mais um" o funcionário entrega um cachimbo e uma redinha.

Archmere Academy, Georgetown, faculdade de Direito de Yale – e aqui estava eu, em êxtase com meu novo conhecimento de "rosa de vidro", Chore Boy e "um mais um".

Fumar com Rhea era uma aula magna em "crackologia". Ela tinha um milhão de regras: Sempre saiba onde estavam suas coisas. Queime um pouco do *crack* antes se você o pegou de alguém que não conhece, para tirar as impurezas que alguns traficantes misturam nele. Nunca coloque a haste no bolso da calça, pois ela pode quebrar quando você se sentar ou cair do bolso quando estiver em uma lanchonete.

Ela costumava apontar ritos de passagem no meu uso do *crack*. Ela os numerava e até os explanava, como uma palestrante em um curso avançado.

#37: Perde as chaves do apartamento sempre que sai.

67: Nunca tira os olhos do chão por mais de 30 segundos, sempre em busca de migalhas de *crack*.

Certa vez disse que eu havia me formado em um programa de doutorado em "crackologia". Foi quando levei uma eternidade apenas para fazer as malas para uma viagem. Eu tinha um voo que sairia em duas horas, e dois dias depois eu ainda estava sentado no sofá do apartamento, malas abertas e roupas espalhadas por todos os lados. Rhea entrou, balançou a cabeça e disse: "Você só pode estar de brincadeira? Toma!", disparou ela pegando minhas roupas, colocando-as na mala e me empurrando porta afora.

Rhea tentava me salvar, mas ao mesmo tempo me afundava mais. Ela não me deixava comprar de ninguém, tentando me proteger, para que eu não precisasse buscar drogas nas ruas mais perigosas da cidade. Ela me ensinou a usar drogas da maneira mais segura possível. Era meticulosa quando se tratava de quem e onde comprar e em diferenciar as drogas boas das ruins. Ela sempre comprava em quantidade moderada que, pelo menos em teoria, me impedia de entrar em uma loucura total – que significava, na insanidade daquele universo, não usar continuamente por mais de dois ou três dias seguidos (mais tarde, em minha odisseia pela Califórnia e Connecticut, uso contínuo por dois e três dias não seriam incomuns).

Eu amava Rhea como uma amiga. Ela é a única pessoa daquela época da minha vida de quem tenho boas lembranças. Durante meus anos de vício ativo, aprendi isto: bêbados e adictos maldosos são pessoas más, bêbados e adictos violentos são pessoas violentas, e bêbados e adictos idiotas começam como pessoas idiotas. Rhea não era nada disso. Existem coisas embaraçosas, vergonhosas e até mesmo chocantes que todos nós fizemos quando estávamos chapados. No entanto, há uma linha que as boas pessoas não cruzam, não importa a quão desesperadas elas estejam: machucar alguém. Rhea não faria mal a uma mosca.

Rhea me deixou de coração partido mais do que qualquer outro amigo que já tive. Esperta, engraçada como um comediante de *stand-up*, engenhosa e muito machucada – ela vem pedalando por tanto tempo através da névoa da dependência química tentando sobreviver que morre de medo de largar o cachimbo de *crack*. Ela não tem nenhum relacionamento, nem com sua família, e não tem ninguém em sua vida cotidiana que a ame de maneira genuína e incondicional. Não tem nenhuma boa lembrança para se apegar.

Seria um milagre se Rhea algum dia conseguisse ficar limpa. Mas o simples fato de estar sentado aqui escrevendo sobre ela me torna um milagre. Um dia espero estar forte o bastante para voltar e ver a Rhea naquele lugar sombrio onde ela vive. Espero poder fazer alguma coisa, tentar convencê-la de que ela ainda pode ser salva. Não quero que ela pense que as coisas só vão melhorar quando ela morrer.

Até lá, sua lição vai ser dura, implacável e sagrada: somos todos apenas seres humanos tentando fazer o melhor que podemos.

CAPÍTULO OITO

NO DESERTO

Em outubro de 2016, comecei uma odisseia pelo país movida a *crack*.

Esse não era meu plano. O plano era ficar bem. Até alguns meses antes, eu estava limitando meu uso de *crack* a uma vez a cada três dias. Eu acreditava que poderia parar por conta própria quando quisesse, antes que evoluísse para um distúrbio em tempo integral. Eu ficava indo e voltando de Washington, para Delaware para ver Hallie e seus filhos, nosso relacionamento ainda era apenas um oásis de luto compartilhado, e tentei manter meu uso de drogas escondido.

Também viajava constantemente a trabalho, sobretudo para conseguir novos clientes e tentar manter os antigos. O uso de drogas aumentou com meu estresse. Fumar *crack* a cada três dias logo passou a ser fumar a cada dois dias, depois todos os dias – depois todas as horas do dia. Embora eu fosse relativamente novo no uso de *crack* em tempo integral e ainda estivesse descobrindo a como ser um usuário funcional nessa nova escala aprimorada de uso abusivo de drogas, precisando aprender a como dar desculpas para sair no meio das reuniões a cada 20 ou 30 minutos para usar *crack* no banheiro masculino, eu sabia que precisava fazer algo antes que as coisas saíssem do controle.

Era o que eu dizia a mim mesmo.

Afastava rapidamente qualquer percepção sobre o período de extrema angústia que estava atravessando, de que havia algo errado, muito além da bebida, e que ficava mais evidente à medida que minha raiva aumentava com relação à dissolução do meu casamento e o afastamento de minhas filhas. Passei a evitar minha família e amigos que provavelmente perceberiam isso, o que incluía meu pai. Não queria que minha família me confrontasse e insistisse para que eu voltasse para uma clínica de reabilitação. Sabia que não iria adiantar naquele momento, pois eu estava entrando em uma nova esfera – em um outro nível de escuridão.

Após uma recaída e minha dispensa por ter sido reprovado em um teste de drogas depois de um vergonhoso curto período na Reserva da Marinha dos Estados Unidos, em 2014 fui para uma clínica de reabilitação em Tijuana, onde fui tratado com um psicoativo derivado de uma planta chamada ibogaína – legal no México e no Canadá, mas não nos Estados Unidos. Lá uma mulher com conhecimentos sobre terapias alternativas me contou sobre um tipo de *spa* em Sedona, Arizona.

O retiro Grace Grove é dirigido por um casal ligado a movimentos Nova Era – a mulher atende pelo nome de Puma St. Angel, um apelido que ela me disse ter recebido anos atrás de um xamã. Parecia um local diferente, bastante alternativo, potencialmente eficaz e que podia me ajudar a ficar bem. Era mais um centro de desintoxicação holístico para executivos estressados do que uma clínica de reabilitação das drogas. Oferecia tratamentos como limpeza do fígado e da vesícula biliar, aulas de meditação e yoga e caminhadas pela espetacular paisagem de Red Rock, onde o centro estava localizado. Vi naquele lugar uma possibilidade de me reorganizar e ficar saudável.

Marquei de me encontrar lá com um amigo chamado Joseph Magee, que conheci durante minha primeira internação na Crossroads, em 2003. Continuamos próximos. Natural do leste do Texas, onde, no final dos anos 1990, ajudou a encenar uma polêmica produção universitária de *Angels in America* [Anjos na América], e agora um empresário de sucesso em Nova York, casado com o dono de uma empresa de moda, Joey era um adicto em recuperação que ajudou a mim e a incontáveis outras pessoas por muitos anos. Ele também era uma espécie de viciado em reabilitação – ele já estivera em cerca de quarenta clínicas diferentes, sem exagero, e era amado em todos os lugares que ia – estava sempre disposto a ajudar um amigo.

Dessa vez não foi diferente. Liguei para ele e disse:

— Ei, Joe, estou indo para esta porra de *spa* maluco em Sedona. Quer ir comigo?

— Encontro você lá – respondeu ele.

Convidei Joey para se juntar a mim porque sabia que não iria querer decepcioná-lo. Deixando minha recuperação nas mãos de um casal estranho, levando em consideração minhas habituas fugas em tais circunstâncias, eu provavelmente diria "foda-se" antes de chegar lá. Joey seria meu seguro contra o "foda-se".

Eu havia me tornado resistente à reabilitação tradicional baseada nos doze passos – ou estava cansado dessa abordagem e tinha me tornado muito capacitado para burlá-la. Havia funcionado por longos períodos no passado, e há muita coisa nessa abordagem que acredito ser de grande valor. Ainda emprego muitos desses princípios para manter-me sóbrio. Mas o vício é tão complexo, tão individual e depende de tantos fatores que combatê-lo muitas vezes pode fazer o adicto se sentir como um rato em um labirinto – sempre buscando soluções, mas muitas vezes esbarrando em barreiras que o impedem de ficar limpo.

É um labirinto no qual muitos alcoólatras e adictos ficam presos. A taxa de recaída após uma internação varia de 60 a 80%, um volume angustiante de fracassos para um setor que movimenta US$ 40 bilhões ao ano, no qual os dependentes químicos e suas famílias depositam tanto tempo, dinheiro e esperança.

A verdade é que, por volta dos quarenta e poucos anos de idade, já havia aprendido todas as lições que precisava aprender. Agora eu estava descobrindo como ignorá-las. Havia assuntos mais pertinentes a dominar: maneiras mais eficientes de comprar e fumar *crack*, ou as melhores formas de esconder meu uso.

Eu estava mais focado nessas coisas – não em minhas tentativas fracassadas de ficar limpo, mas em meu sucesso em comprar e usar sem ser pego, em não me machucar ou morrer durante alguma confusão quando estivesse comprando drogas. Ir a uma praça de um bairro de alta criminalidade para comprar *crack* às 4 da manhã era como jogar roleta-russa com dois projéteis na câmara. Em alguns lugares, era como brincar com cinco projéteis – e, ainda assim, eu estava disposto a girar a câmara várias vezes.

Então, fui conhecer Puma St. Angel.

Cheguei ao Aeroporto Internacional de Dulles às 7 horas, três horas antes do meu voo, uma mostra da quantidade absurda de tempo que eu precisava para fazer as coisas simples. Antes de sair do carro, na garagem do aeroporto, dei uma tragada em um cachimbo para me acalmar. Duas horas depois, eu ainda estava sentado lá fumando. Decidi que se me atrasasse um pouco não haveria importância, pois não havia um cronograma definido. Se perdesse o voo, pegaria o seguinte. Quando era tarde demais para pegá-lo, resolvi pegar o outro. Algumas horas depois resolvi pegar o voo depois do próximo.

Eu não saí do carro e finalmente perdi o último voo da noite. Abastecido com o que imaginei ser uma quantidade de *crack* suficiente para alguns dias, nessa hora surgiu em mim uma ideia burra, típica de um viciado em *crack*: sempre quis atravessar o país de carro e aquela parecia ser uma ótima oportunidade para realizar esse desejo. Saí da garagem do aeroporto por volta das 22 horas, fui na direção oeste e comecei minha jornada para o Arizona. Mais de 3.500 quilômetros de distância.

Esse foi o primeiro dia.

Dirigi durante a noite toda e cheguei em Nashville algumas horas após o nascer do sol. Hospedei-me em um hotel e fumei o dia todo. Ao cair da noite, percebi que já estava ficando sem drogas. Vasculhei os assentos do carro e os tapetes em busca de alguma migalha, e em seguida, por volta da meia-noite, saí para comprar mais.

Agora eu possuía um novo superpoder: a habilidade de encontrar *crack* em qualquer cidade, a qualquer hora, não importa quão desconhecido fosse o local. Era fácil – arriscado, algumas vezes frustrante, sempre idiota e estupendamente perigoso, mas relativamente simples se você não se importa muito com seu próprio bem-estar e estivesse desesperado o bastante para se humilhar.

O *crack* faz você entrar em contato com as partes mais sombrias da alma e também com os lugares mais obscuros de cada comunidade. Ao contrário do álcool, para ter acesso ao que precisa você se torna dependente não apenas de uma subcultura criminosa, mas também do nível mais baixo dessa subcultura – os locais com os maiores índices de violência e depravação.

Vagar por esses lugares exigia que eu fosse extremamente destemido. Quase todos presumiam que eu era um policial por causa do meu carro chamativo, da minha falsa coragem e do fato de ser branco. Para facilitar as coisas, eu costumava pegar um cachimbo e fumar qualquer resto na frente deles, mesmo que houvesse apenas resina na tela, apenas para mostrar que eu era usuário.

Além do mais havia o problema de ser constantemente enganado. Assim como no caso de fazer ligações não solicitadas para conseguir clientes, era um jogo de tentativas e erros. Entregava US$ 100 para alguém fazer um "corre" e esperava do lado de fora do prédio enquanto a pessoa entrava pela porta da frente e saia pelos fundos, ou tentava encontrar alguém inteligente o bastante para entender que eu poderia ser seu financiador de *crack* pelo tempo em que estivesse na cidade. Ser passado para trás tornou-se algo comum, uma espécie de lesão por esforço repetitivo: era enganado pelo mesmo cara diversas vezes, e ainda lhe entregava mais dinheiro na esperança de que dessa vez ele voltasse. Meu desespero por outro trago era tão palpável que eu literalmente sentia o gosto dele.

O momento mais perigoso para comprar era antes do amanhecer, entrando em um lugar que não é seguro às 4 horas da manhã com o bolso cheio de dinheiro e desarmado. Você acaba aprendendo pequenas coisas para se proteger. Nunca se aproxime de alguém antes que ele se aproxime de você. Não aparente estar muito desesperado – como se já não fosse desesperador o suficiente estar procurando por drogas às 4 horas da manhã – porque qualquer pessoa que está no ramo de venda de *crack* também está no ramo de enganar e roubar. Eles vão lhe vender pedrinhas de uma rua qualquer se você estiver muito desesperado. Sempre que podia, tentava comprar de um usuário em vez de comprar de alguém que parecesse nitidamente ser um traficante. Os viciados em *crack* geralmente voltavam com uma quantidade substancial se eu também lhes desse dinheiro para que comprassem para eles e depois lhes prometesse mais. Eles conheciam o jogo. Eram confiáveis até o ponto em que estivessem obtendo o que precisavam e então, quase que invariavelmente, me roubavam também.

Não há honra alguma entre os "noias".

Em Nashville, eu era como um cão farejador. Como em todos os outros lugares em que comprei *crack*, sabia que poderia chegar sem saber nada e rapidamente avaliar para qual rodovia ir, qual saída pegar, em que posto de gasolina parar e qual aparência desagradável teria meu parceiro novo e confiável. Havia feito isso em todos os lugares em que estivera nos últimos meses – poderia descer de um avião no Timbuktu e comprar algumas pedras de *crack*.

Segui meu *modus operandi* usual. Fui para um distrito comercial na parte mais pobre da cidade e procurei um posto de gasolina ou loja de conveniência que fosse usado como local de encontro para viciados sem-teto. Eu parava o carro, enchia o tanque de gasolina, trancava meu carro e entrava para comprar cigarros ou Gatorade. Não demorava muito para que alguém me abordasse para pedir um trocado. Dava a ele algumas moedas do meu bolso e pedia um favor: "Você sabe onde posso comprar algumas pedras?". O importante era encontrar um sem-teto que estivesse nessa condição porque precisava sustentar o vício, e não porque tivesse alguma doença mental, o que também poderia acontecer – e às vezes era difícil de distinguir.

Encontrei o cara certo em menos de uma hora. Ele tinha mais ou menos a minha idade, talvez um pouco mais jovem, mas parecia ter tido uma vida muito difícil, pelo menos recentemente. Ele era forte, tinha unhas sujas, mas sapatos limpos, e usava uma jaqueta escura que de longe parecia razoável, mas de perto estava esfarrapada nas mangas e não era lavada há algum tempo. Ele estava passando por problemas, não era um sem-teto, mas provavelmente estava à beira disso.

Seus olhos ardiam com a dura e voraz intensidade do olhar dos viciados em *crack* – o mesmo olhar que eu apresentava em encontros como esse, a despeito das coisas que tinha e vivi: meu Porsche, meu diploma em Direito e uma infância vivida em uma sauna do Senado ouvindo os homens mais poderosos do país gritarem um sonoro "Ei, meninos!".

A intensidade de um viciado em *crack* pode ser intimidante. Algo nitidamente predatório, que faz você se sentir uma presa. Embora a droga em si não induza a um comportamento violento, o desespero por mais certamente pode fazê-lo. Ao contrário de um viciado em heroína, que, comparativamente, se deleita por um tempo quando está chapado, um viciado em *crack* pouco depois de usar está tramando apenas uma coisa: como conseguir outro trago dentro 30 minutos.

O cara no posto de gasolina naquela noite em Nashville me mediu.

— "Eu tenho um Chore Boy. Você sabe do que eu estou falando? – perguntou ele com um tom desafiador na voz.

Disse a ele que sim e agi como se estivesse incomodado com o questionamento. Entramos no meu carro e perguntei para onde estávamos indo.

— Logo você vai saber – disse ele em um tom casual e sóbrio. — Apenas saia daqui.

Nossa conversa a partir de então se limitou a uma série de expressões robóticas austeras.

— Vire à direita aqui... agora à esquerda aqui.

— Qual é o endereço?

— Não sei o endereço, só sei onde fica.

Ele me disse para não fumar no carro e para prender o cinto de segurança.

— Os policiais estão sempre por aqui, vão prender você.

Ele viu meu cachimbo no console.

— Tem alguma coisa aqui? Vou fumar a resina.

— Você acabou de me dizer para não fumar no carro.

— Eu sei o que estou fazendo.

Estava escuro e, exceto por nós, as ruas estavam praticamente desertas. Eu não tinha ideia de onde estava ou para onde estávamos indo. O GPS ficou sem sinal. Eu continuei seguindo as orientações dele.

Ele me disse para estacionar em frente a um prédio degradado de dois andares, de parede de massa corrida. Isso geralmente termina com eu estacionando o carro, dando ao cara US$ 100 para comprar *crack* e dizendo que se ele voltar eu o darei outros US$ 100 para ele comprar para si próprio. Então eu esperava, como um idiota, às 2 da manhã na parte mais perigosa da cidade. Sete em cada dez não voltavam. Ainda assim, eu continuava esperando de qualquer jeito, dizendo a mim mesmo que não havia passado muito tempo. Dez minutos se estenderiam em uma hora, depois em uma hora e meia. Fazia um exercício mental para tentar justificar a decisão de não ir embora. Lembrava-me de um sujeito certa vez que voltou duas horas mais tarde.

Mas geralmente eles não voltavam: você fica irritado, sente-se ridículo e patético, fica desesperado e começa tudo de novo, vasculhando os mesmos postos de gasolina e lojas de conveniência e clubes até que finalmente – às 4, ou às 7, ou às 10 horas – você encontra um cara que traz o suficiente para segurar sua fissura pelas próximas quatro horas, quando terá que passar pela mesma rotina horrorosa de novo. O processo pode levar 30 minutos ou dez horas.

Dessa vez, demorou 30 minutos. Antes de dar ao sujeito US$ 100, disse a ele para deixar como garantia seu telefone Obama – o celular gratuito que o governo federal começou a distribuir para americanos com dificuldades financeiras durante a recessão de 2008, de acordo com a lei Lifeline Act [Linha de Vida]. Os telefones Obama são ridicularizados pelos conservadores como sendo parte de outro esquema dos liberais para redistribuição de riqueza, mas a legislação foi aprovada pela primeira vez em 1985 pelo presidente Reagan para dar às famílias acesso a comunicações e serviços de emergência por meio de ligações telefônicas residenciais. A lei foi meramente atualizada para o mundo digital – para o deleite dos viciados em *crack* e traficantes em todos os lugares.

O sujeito não estava disposto a ceder

— Você tem que confiar nas pessoas – disse ele com uma expressão extremamente séria.

Agradeci a lição de vida e disse-lhe para deixar o celular ou não haveria acordo. Ele deixou o telefone e saiu vagarosamente, então voltou não muito tempo depois com US$ 100 do que ele disse ser *crack*. Nunca se sabe. Com frequência é bicarbonato de sódio ou pílulas esmagadas que alguém transformou em pedras.

Você acende e fica chapado antes mesmo de ouvir os estalos – ouvir os "cracks" – para certificar-se de que se trata de um bagulho bom. A ansiedade chapa você; estudos afirmam, e minha experiência confirma, que a onda mais violenta ocorre nos nanossegundos antes do seu lábio tocar no cachimbo. Você só pode determinar se está fumando algo realmente bom mais ou menos um minuto depois, e nessa hora seu vendedor vai estar fora do carro e bem longe dali.

Mas nesse caso o que ele trouxe era muito bom. Anotei o número do telefone do celular dele enquanto ele estava lá dentro, e transformei nossa única noite em uma maratona de quatro dias em Nashville. Liguei para ele três ou quatro vezes por dia durante esse período. Ele foi uma dádiva de Deus para mim e eu fui a melhor coisa que já aconteceu com ele: naqueles três dias, provavelmente entreguei a ele US$ 1.500. As transações tornaram-se tranquilas e casuais, como comprar verdura na mesma barraca da feira. Nós quase nunca trocávamos uma única palavra.

E, exceto por aquelas breves excursões, fiquei enfurnado em meu quarto de hotel com meu cachimbo, meu isqueiro e minhas pedras de *crack*.

Eu tenho que fazer uma pausa aqui. Peço desculpas. Todos os neurônios do meu cérebro estão agitados nesse momento, gritando: *Quero mais daquilo! Quero mais daquilo!*

Relembrar incidentes como o que acabei de descrever pode disparar o gatilho. Os adictos sabem bem do que estou falando. É uma linha tênue e instável para se estar. Embora seja importante para alguém em recuperação falar honestamente sobre o que fez, também há o risco de reacender aqueles antigos desejos, que podem ser terríveis monstros!

É o poder da linguagem, para o bem e para o mal. É a razão pela qual os personagens têm medo de dizer o nome de Voldemort em voz alta em Harry Potter e, em vez disso, se referem a ele como Aquele que Não Deve Ser Nomeado. Eles não querem liberar seu poder sombrio sobre si.

Houve momentos, enquanto escrevia este livro, em que o fato de relatar as coisas que fiz se tornou pesado demais – o poder sombrio do *crack* foi liberado. Este é um desses momentos. Embora minha mente entenda que a paz que uma vez eu senti ao dar uma tragada em um cachimbo de *crack* foi temporária e, em última análise, autodestrutiva, ela também entende que passei a sentir menos dor e fiquei melhor do que estava antes de dar aquela tragada. O *crack* não era a única resposta para minha dor. Mas, novamente, era uma resposta e, certamente, a resposta mais conveniente para aquela velha pergunta que as pessoas não param de fazer:

Por que você não consegue parar?

Porque aquela merda é boa pra caralho!

Então, enquanto escrevo isto, ainda posso sentir o cano quente e duro em meus lábios, o calor crescendo dentro da minha boca, a fumaça pinicando meus pulmões. Eu ainda me contorço com a memória muscular da explosão de agitação que atingia cada parte do meu corpo. Relembrando os eventos daquela noite em Nashville, ainda sinto um arrepio na espinha.

Eu ainda posso sentir aquilo que senti sentado no meu carro naquela noite – o latejar na parte inferior das minhas costas por causa das incontáveis horas na estrada, o arquear arrepiante dos meus ombros, o ritmo acelerado do meu coração – assim que vi o cara com as unhas sujas e sapatos limpos saindo do prédio com meu pacotinho de *crack*. Ainda me lembro de como me atrapalhei com o bolso lateral procurando por um isqueiro e uma haste. Posso me ver pegando uma nova bucha de aço Chore Boy para usar como filtro e, em seguida, decidindo usar a antiga, sabendo que estava coberta de resina e pensando em como seria muito melhor se eu pudesse puxar a fumaça através dela. Ainda me lembro que havia três novas hastes em um saco de papel no banco de trás e que pensei em estender a mão a para pegar uma delas. Parei porque pensei que seria melhor distribuí-las, uma para cada dia, durante o resto da minha viagem pelo país.

Lembro-me de que planejei tentar cozinhar de novo o *crack* no meu quarto de hotel. Em seguida, tentei lembrar se tinha uma colher para ferver, ou se havia um micro-ondas no quarto que eu pudesse usar para aquecê-lo.

Lembro que não consegui me lembrar.

Ainda lembro que pensei em parar em uma loja de bebidas no caminho de volta para o hotel. Então percebi que poderia ligar para o serviço de quarto se precisasse de uma bebida, mas depois pensei em como isso seria muito mais caro do que comprar na loja. No final, abandonei a ideia totalmente, como se minha decisão de não beber naquela noite fosse simplesmente uma questão de responsabilidade. Também me lembro de ter pensado em pegar algo para comer, e então pensar: *foda-se, tenho assuntos mais importantes para tratar.*

O que eu realmente lembro é de voltar para o meu quarto às 2 ou 3 horas daquela manhã, tirar minha jaqueta, me sentar em uma cadeira macia, pegar o pacote de *crack* e sentir aquela primeira pancada de verdade – não o teste apressado que fiz mais cedo no carro com aquele estranho de olhos brilhantes olhando avidamente do banco do passageiro. E então me lembro por que estou me lembrando de tudo isso: a sensação de ser transportado instantaneamente – algo semelhante à velocidade de dobra, como se estivesse cavalgando sem sela em um foguete – para algum lugar bonito e distante.

Lembrar de todas essas coisas parece uma terrível traição em relação ao lugar onde estou agora. Isso induz um desejo que é completamente contrário ao quão longe cheguei. Quando você percebe o efeito que essas lembranças têm sob sua mente e seu corpo, fazendo com que trabalhem contra o seu desejo mais profundo de não querer voltar para aquele lugar, você se sente inseguro e teme não ter a capacidade de fazê-lo. Elas provocam sentimentos de vergonha e culpa que, sejamos honestos, apenas despertam uma sensação aumentada de uma excitação infernal.

Assim é o pensamento adicto.

Eu odeio isso. Eu odeio me lembrar disso. Eu odeio o dano que causou a mim e aos outros. Acima de tudo, odeio ainda desejar a paz que aquilo me proporcionava.

Definitivamente não era uma das "coisas boas da vida" sobre as quais meu irmão falava.

O pessoal do *spa* em Sedona começou a lotar meu telefone de ligações para saber quando eu chegaria. Eu os ignorei. Finalmente recebi um telefonema de Joey, que havia feito *check-in* dias antes e sabia que eu o atenderia. Ele então me colocou para falar com o pessoal do Grace Grove, por insistência deles, e eu inventava uma nova desculpa a cada ligação: complicações de última hora nos negócios, problemas familiares e outros imprevistos.

Joey sabia: ele entendia por experiência própria o que estava acontecendo sem que eu precisasse dizer nada. Ele apenas manteve o curso e me esperou. Depois de quatro dias, desisti da ideia de dirigir atravessando os estados e reservei um voo de Nashville para Phoenix, com um breve *pit stop* em Los Angeles. deixaria meu carro no Tennessee e o pegaria quando voltasse.

Repeti a mesma rotina lamentável de fumar e remarcar o voo que fiz no aeroporto de Dulles. Enclausurei-me dentro do meu carro no aeroporto, com medo de ser pego ao passar pela segurança, ou sem saber se conseguiria ficar durante as quatro horas de voo sem dar um trago. Perdi um voo atrás do outro.

Finalmente, embarquei em um voo tarde da noite e cheguei até minha conexão de duas horas no aeroporto de Los Angeles. Desesperado para fumar, saí do terminal com minha bagagem de mão e todas as drogas que ainda tinha e acendi tudo na escada de um estacionamento. Eu sabia que não conseguiria pegar meu voo de conexão. Liguei rapidamente para Hallie. Só ela sabia sobre minha viagem para o oeste, e disse a ela o que planejava dizer a todos: que havia chegado a Sedona e estava tudo bem.

Naquela noite fiquei em um hotel nas proximidades da Marina del Rey, liguei imediatamente para um contato de *crack* que fiz durante uma viagem anterior de negócios na Costa Oeste. Vou chamá-lo de Curtis aqui. Eu o encontrei pela primeira vez usando um *modus operandi* alternativo do meu superpoder: navegar em anúncios de serviços de acompanhantes *on-line*, não para sexo, mas para referências indiretas de ofertas de "festa", o que significava, é claro, que eles vendiam drogas.

Em pouco tempo, Curtis chegou ao hotel com *crack*, sua namorada prostituta e Honda, um jovem alto, magro e afável que fora skatista profissional até quebrar praticamente todos os ossos do corpo. Desde então, ele fez a transição para uma segunda carreira tunar carros da Honda. Durante uma viajem posterior a Los Angeles, dentro de um bangalô no Chateau Marmont, Honda me ensinaria pacientemente a como cozinhar meu próprio *crack*.

Minha pausa não programada se transformou em um bacanal de seis dias. Curtis e sua turma fizeram da minha suíte seu local de festas, entrando e saindo por horas a fio. Eles tocaram música, pediram serviço de quarto e esvaziaram o frigobar – tudo por minha conta e com meu consentimento. Eles se aproveitaram de minha generosidade não foi à toa, pois eu estava total e completamente fora de mim. Eles preferiam bebida e maconha ao *crack*, enquanto eu acendia o cachimbo como se não houvesse amanhã, passeando de cueca e geralmente agindo como um louco.

Eu não dormia. Reservava todos os dias um voo de Los Angeles para Sedona, e todos os dias cancelava. Eu não conseguia entrar no avião.

Com o tempo, ficou difícil de lidar até mesmo com os frequentadores regulares do mundo noturno. Durante uma confusão muito estúpida e estranha, quase entrei em uma briga do lado de fora de um clube noturno na Hollywood Boulevard. Antes que os dois seguranças enormes do clube pudessem intervir, um de seus amigos, um sujeito de Samoa que parecia ser feito de tijolos com cabelo trançado até a bunda, me puxou de canto para que eu pudesse esfriar minha cabeça.

Ele era conhecido por Baby Down, um apelido derivado de seu irmão mais velho, Down, que tinha esse apelido porque podia derrubar qualquer um com um único soco. Você também não iria querer arrumar confusão com Baby Down. Fiquei sabendo depois que ele faz parte do Boo-Yaa T.R.I.B.E., um grupo local de gângsteres de Samoa que viraram *rappers*, cuja música se tornou popular no final dos anos 1980 e 1990. E que atualmente, me disseram, tinham o monopólio da segurança nos clubes de *strip* de Los Angeles.

Naquela noite, Baby Down me levou à lanchonete Mel's Drive-In, na avenida Sunset, comeu e conversou comigo até me acalmar. Parecia uma conversa única e sincera. Por mais durão que parecesse – e provavelmente fosse –, Baby Down parecia empático e inteligente para além de sua óbvia sabedoria das ruas. Ele falou que poderia me ajudar a ficar limpo e bem.

Finalmente decidi alugar um carro e dirigir até Sedona. Deixei Marina del Rey por volta das 4 horas da manhã, sem dormir e em um antigo Lincoln Town Car. Peguei a rodovia I-10 saindo da Califórnia para começar uma maratona de 800 quilômetros.

Cheguei a San Bernardino, 120 quilômetros a leste. Montanhas cobertas de neve surgiram à frente no crepúsculo. Exausto, me hospedei em um hotel. Ainda não conseguia dormir, ainda não conseguia parar de fumar. Depois de um tempo, voltei para a estrada.

E deveria ter acabado por aqui – fim da história, o meu fim.

Por volta das 11 da manhã, acelerando para o leste ao longo da rodovia plana que serpenteava o deserto de Sonora em algum lugar fora de Palm Springs, a temperatura já se aproximando de 30 graus, cochilei no volante. Acordei um instante depois, e estava voando no ar, o carro havia acertado o meio-fio da faixa de ultrapassagem e voou a 120 quilômetros por hora em um céu azul sem nuvens, indo em direção a vala que dividia a I-10.

Um milésimo de segundo, mas tudo parecia estar em câmera lenta. Tinha o tempo do que parecia ser uma eternidade para avaliar a situação e considerar minhas alternativas, embora, é claro, não tivesse tempo algum. Enquanto meu carro descia para o canteiro central, resisti ao impulso de fazer o que meus reflexos estavam implorando para que eu fizesse: pisar na porra do freio! Eu sabia que isso faria com que o Town Car capotasse no instante em que as rodas tocassem o chão e isso me jogaria para fora do carro ou me esmagaria.

Em vez disso, pisei no acelerador assim que o carro caiu na vala. Deixei correr por um momento até puxar o volante para evitar uma estrutura que servia de retorno para veículos de emergência e para a polícia. O carro girou na direção oeste – direção do tráfego em sentido contrário. Milagrosamente, houve um intervalo no tráfego até que o carro parou no acostamento, fazendo muito barulho e engasgado. Estava com os quatro pneus furados e com cactos e folhas presos ao assoalho.

Não me lembro quanto tempo fiquei sentado ali. Pareceu uma eternidade. Pisquei por trás dos óculos de sol que inexplicavelmente ficaram no lugar. A bagagem no banco de trás agora estava espalhada na parte da frente; o interior do carro parecia uma zona de guerra. Eu estava tremendo, ainda ligado por estar no meio do meu "rolê" de doze dias. Duas viaturas policiais passaram zunindo sem nem mesmo reduzir a velocidade, como se eu fosse alguém que tivesse parado para mijar ou um turista que tivesse estacionado para apreciar a paisagem imutável e sem graça da estrada.

Liguei para a locadora e disse a eles que alguém havia me tirado da estrada. O caminhão guincho demorou algumas horas para chegar, e quando o motorista olhou para o carro, disse a ele que tinha atravessado a vala central. Ele deu de ombros.

— Acontece bastante – disse ele antes de me carregar de volta para Palm Springs, onde peguei outro carro alugado e continuei até Sedona.

Então tudo ficou estranho.

Parei para abastecer em algum lugar na base de uma montanha quando ia para o norte, atravessando o Arizona, voltei para a rodovia e não percebi, por duas horas, que tinha pegado o sentido oposto com meu novo Jeep Cherokee.

De volta ao caminho certo, me vi dirigindo por uma estrada sinuosa na montanha sob um céu sem lua bem depois da meia-noite. Não havia luz em nenhum lugar. Alguns trechos da estrada tinham *guardrail*, outros não. Eu estava determinado a continuar dirigindo em vez de encostar e esperar até o dia raiar. Havia ligado para o Grace Grove antes de deixar Palm Springs e havia combinado que Joey e Morgan, um ex-*cowboy* que administrava o lugar com Puma, fossem me pegar na locadora de automóveis em Prescott, uma antiga cidade do Velho Oeste a cerca de uma hora e meia do *spa*.

Enquanto o vento do deserto soprava e assobiava pelas janelas abertas, toquei uma *playlist* do *Bluesman do Mississippi* R. L. Burnside, uma espécie de trilha sonora propulsora. Em uma das músicas, "It's Bad You Know", Burnside rosna essas palavras sem parar. Toquei ela repetidas vezes, quase que hipnotizado por feitiço estranho. Eu estava totalmente enlouquecido.

Para ficar acordado, fumava *crack* e um cigarro atrás do outro, mantinha as janelas abertas e me inclinava para receber rajadas do revigorante ar noturno sempre que achava que podia cochilar. Em algum momento, o *crack* acabou, mas continuei acendendo o cachimbo, por força do hábito. Às vezes, apenas dava tapas no meu rosto.

Quando olhava para a escuridão total, às vezes me curvava tanto para a frente que meu peito tocava o volante. Uma enorme coruja-das-torres de repente sobrevoou meu para-brisas, como se tivesse caído direto do céu noturno. Olhei maravilhado. Ela voou sobre o capô do carro até que foi capturada pelos faróis altos do carro. Eu não sabia se aquilo era real ou uma alucinação, mas com certeza me acordou.

Então, tão abruptamente como chegou, o pássaro desviou para a direita, fora do alcance dos meus faróis. Eu desviei com ele para permanecer na estrada e ele me conduziu de forma perfeita em uma curva fechada. Ele desapareceu por alguns minutos depois disso, quando a estrada se endireitou, reapareceu novamente com suas enormes asas inclinando-se para um lado e para o outro, me guiando por uma série de curvas fechadas e sinuosas. Eu apenas continuei seguindo. A coruja fez a mesma coisa mais quatro ou cinco vezes – desaparecia e retornava deslizando através de subidas e descidas e curvas fechadas a toda velocidade, como um avião acrobático em um *show* aéreo, quase que acenando para que me mantivesse atrás dela. Não tenho certeza por quanto tempo segui a coruja até que me levasse direto para Prescott. Quando finalmente voou para o céu manchado de estrelas, eu balancei minha cabeça e murmurei um silencioso e ainda incrédulo "obrigado", por diversas vezes.

Eram 3 da manhã. Joey e Morgan estavam esperando por mim a horas. Quando cheguei, eles não estavam muito felizes.

— Você não vai acreditar no que acabou de acontecer – exclamei, ainda perplexo com o que havia testemunhado.

Eu queria contar tudo. Como eu nem deveria estar lá. Como tivera sorte em Nashville com um traficante de *crack* que não levara tudo o que eu tinha às 2 da manhã, incluindo minha vida. Como um aspirante a empresário da música e sua namorada prostituta cuidaram de mim e tentaram me deixar sóbrio em vez de me roubarem tudo. Como eu não me matara ou a qualquer outra pessoa depois de atravessar a rodovia perto de Palm Springs. E, por último, como um pássaro gigante – ou anjo da guarda, ou invenção da minha imaginação confusa – colocara-me sob suas asas apenas alguns minutos antes para me impedir de cair de um penhasco e me trouxera até ali, naquele local.

Eu queria contar a eles tudo isso. Mas naquela hora, naquele lugar, meus acompanhantes deixaram claro que não estavam interessados nas minhas besteiras.

— Tanto faz – disse um deles, sinalizando para que eu entrasse na van.

O interior do carro estava um desastre. Eu estava dirigindo aquele carro alugado há dez infernais horas, fumando, indo na direção oposta, perdendo a cabeça, e as minhas coisas estavam espalhadas por toda parte. Joey e Morgan, apressados para dar o fora de lá, me ajudaram a pegar tudo da melhor maneira que puderam. Eu pulei na van com eles e saí para ficar bem.

De novo.

Durante três dias não consegui sair da cama. A desintoxicação do *crack* não é tão perigosa quanto a do álcool nem tão dolorosa quanto a da heroína. Mas uma farra ininterrupta de quatorze dias como a que havia acabado de fazer deixa o corpo esgotado e desidratado. Cada articulação doía como se eu tivesse uma artrite severa; meus joelhos quase me incapacitaram e pensei que a cãibra no pescoço seria permanente. Tive febre, calafrios e uma ansiedade quase que do mesmo nível de um ataque de pânico e, no terceiro dia, comecei a tossir continuamente, expelindo um muco preto e preocupante. Deitado sozinho no ambiente limpo e rústico de Grace Grove, com Joey vindo me ver a cada hora e Puma me dando remédios de ervas naturais, a única coisa pela qual ansiava era um cachimbo de *crack* – o calor enchendo minha boca, a fumaça chamuscando meus pulmões, aquele passeio sem cela em cima de um foguete.

Eu havia esquecido minha carteira no carro alugado. Nela, estava a credencial da força aérea do meu irmão, que eu carregava comigo para todos os lugares, bem como um cartão de visita do Serviço Secreto que eu ainda tinha, embora tivesse cancelado meu serviço de segurança muitos anos antes. Um funcionário da Hertz limpando o carro encontrou diversas coisas e um resíduo de pó branco no apoio de braço. Depois de pesquisar meu nome e o de Beau no Google, o gerente ligou para a polícia local – que ligou para o Serviço Secreto, que ligou para meu pai, que, presumo, ligou para Hallie, já que ela era a única pessoa que sabia onde eu estava. Eu também tinha deixado meu celular no carro, então Hallie entrou em contato com Joey, que cuidou das coisas de lá. Acabei recuperando tudo depois.

A polícia de Prescott ligou para Grace Grove para perguntar sobre mim, mas desistiu da investigação. Eu só fiquei sabendo a respeito disso depois que saí da cama por volta do quarto dia e achei tudo ridículo. Apesar da especulação da mídia de direita, os policiais não foram forçados a desistir do caso. Como o advogado geral da cidade de Prescott, um homem que serviu vinte anos na Guarda Nacional do Arizona e foi enviado para o Afeganistão, disse mais tarde ao *New Yorker*: "É uma área muito republicana. Não acho que favores políticos funcionariam, mesmo se tivessem sido solicitados".

Ainda assim, a agitação assustou o pessoal de Grace Grove, que sabia que eu estava lá para me recuperar do vício em drogas, mas não tinha ideia de quão grave era a situação. Perguntaram se eu tinha alguma droga comigo, temendo que os policiais aparecessem e revistassem minhas coisas. Eles vasculharam minha bolsa e acharam toda minha parafernália para usar drogas. Morgan então empacotou tudo o que eu tinha e partiu para o alto deserto de Red-Rock, onde enterrou tudo em uma espécie de cerimonia, seguindo os conceitos místicos de Grace Grove.

Ele voltou ao centro horas depois, parecendo ter visto um fantasma. Seu rosto bronzeado estava pálido. Quando perguntei o que havia acontecido, ele me disse que passou mal abruptamente quando enterrou toda aquela parafernália. Desmaiou e teve visões apocalípticas. A imagem predominante do sonho, ele disse, eram quatro cavaleiros empunhando foices em cima de corcéis bufando fogo que corriam em minha direção.

Eu não sabia o que dizer – não sabia se ria ou tremia. Mas quanto mais ele falava, menos eu me importava. Se o que ele viu foi profético, uma revelação ou charlatanismo, de qualquer jeito, pareceu-me uma metáfora exata de como vivenciei o poder do *crack* e do vício.

Poucos dias antes, eu havia voado sobre uma rodovia interestadual e, poucas horas depois, estava seguindo um pássaro gigantesco por passagens nas montanhas escuras – tudo para escapar daquilo que me perseguiu durante a maior parte da minha vida adulta. Agora, quando penso em lutar contra meu vício, a imagem que evoco é daquele bando aterrorizante de cavaleiros noturnos esqueléticos – os Quatro Cavaleiros do "Crackocalipse".

Fiquei bem melhor durante o restante da minha estadia. Comia bem, meditava, participei de uma sessão de hipnoterapia e me purifiquei. Não fumei *crack* pela primeira vez em quatorze dias.

Depois de uma semana, deixei Grace Grove e me hospedei no Mii Amo, um *spa resort* próximo. Sentindo-me física e mentalmente purificado, telefonei para Hallie e perguntei se ela poderia vir ao Arizona me buscar. Queria que ela me acompanhasse na viagem de volta. Eu não confiava em mim mesmo para voltar para casa sem ter uma recaída – sem fazer um desvio e cair novamente no poço que cavei no caminho até lá.

Ela pegou um avião no dia seguinte. Eu estava no meu ponto mais baixo, ela estava no seu ponto mais carente e nos agarramos um ao outro. Conversamos longamente sobre o quanto passamos a confiar um no outro e como nossa saúde e bem-estar pareciam depender do amor que havíamos aprendido a compartilhar.

Não há dúvida sobre a força invisível no meio disso tudo: Beau. Parece óbvio agora, mas foi essa dinâmica não percebida e não discutida que começou a nos impelir a ideia de que poderíamos manter Beau vivo se estivéssemos juntos – que, amando um ao outro, de alguma forma poderíamos amá-lo e trazê-lo de volta.

Quando voltamos para Delaware no final da semana, não éramos mais apenas duas pessoas unidas pela dor compartilhada do luto.

Éramos um casal.

Se alguma vez houve um relacionamento fadado ao fracasso, era o nosso. Fazia todo o sentido, exceto pelo fato de que não fazia sentido algum. Voltamos do Arizona determinados a fazer dar certo, embora não tivesse certeza se um dos dois entedia o que aquilo significava. Foi um relacionamento baseado na necessidade, na esperança, na fragilidade e no luto.

O fato é que Hallie e eu não éramos próximos até a morte de Beau. Lembro-me de ter ficado surpreso quando Beau se casou com ela. Quando solteiro, ele era muito procurado por mulheres em um raio de 2 mil quilômetros e mantinha seus relacionamentos discretos. Quando Beau morava no andar de cima da casa de Delaware que Kathleen e eu compramos, a irmã mais velha de Hallie, que conhecíamos desde criança, sempre aparecia por lá e Hallie vinha acompanhá-la. A primeira vez que percebi uma conexão entre ela e Beau foi quando ele estava estudando para o exame da ordem dos advogados, que precisou fazer mais de uma vez (o exame em Delaware é notoriamente difícil). Quando ele se fechou para os estudos, ela foi atenciosa e compassiva. Claramente, havia algo ali.

Ela mostrou ser uma boa companheira em 2001, depois Beau que voltou de Kosovo no pós-guerra, onde atuou como consultor jurídico e ajudou a treinar funcionários da justiça civil e criminal. Lá ele acabou contraindo um vírus que desencadeou uma espondilite anquilosante, popularmente conhecida como coluna de bambu, uma doença genética horrível que faz que os ossos da espinha travem, como a artrite aguda. Beau foi tratado com Humira, então um medicamento experimental, nos Institutos Nacionais de Saúde (NIH – National Institutes of Health) em Bethesda, Maryland. O tratamento foi eficaz, e Hallie cuidou dele durante o procedimento e no período de recuperação. Eles se casaram um ano depois.

Às vezes, as interações entre Hallie e Kathleen ficavam um pouco tensas. Hallie me confidenciou que, na noite anterior ao casamento, Beau disse a ela: "Faça o que é certo. Você precisa fazer isso porque meu irmão significa mais para mim do que qualquer outra coisa".

Como casais – Hallie e Beau, Kathleen e eu – estávamos sempre juntos. Passávamos todos os feriados e as férias juntos. Beau e Kathleen ficaram próximos. Eles riam um com o outro o tempo todo, dois brincalhões de quem eu era um alvo fácil. Em algum lugar, há uma foto dos dois segurando uma coxa de peru no Dia de Ação de Graças sobre a minha boca aberta enquanto dormia profundamente no sofá da casa de veraneio. Amo essa foto.

Hallie e eu não tínhamos nada disso. Não tínhamos muito em comum, nem tínhamos muito sobre o que conversar. Ela não era ligada à política, não se interessava pelos mesmos assuntos que eu. Mas ela é incrivelmente atraente – seus olhos arregalados e o sorriso do gato Cheshire são hipnóticos. Eu podia entender por que meu irmão se apaixonara por ela. Hallie tinha orgulho do Beau e do que eles construíram como família. Isso é o que a satisfaz em todos os sentidos.

A morte de Beau abalou o equilíbrio de nossas relações de tantas maneiras que não acredito que qualquer um de nós jamais poderia ter previsto. Nossas vidas tornaram-se emaranhadas e dependentes uma da outra de maneira inesperada por causa do papel desproporcional que Beau desempenhava em nossas vidas.

Após o funeral, Hallie demonstrou um profundo senso de compaixão ao garantir que eu cuidasse da memória do Beau, como ele desejava, principalmente ajudando-a na criação da Fundação Beau Biden para a Proteção das Crianças. Ela também me pediu para ser presente na vida da Natalie e do pequeno Hunter, como Beau gostaria que eu fosse.

Nosso relacionamento começou comigo ficando na casa de Hallie para ajudar com as crianças. Eu caí direitinho na armadilha. Dirigindo as duas horas que separam Washington e Delaware, chegava lá no início da noite, a tempo de jantar ou levar as crianças aos jogos de futebol. Mais tarde ajudava colocando-os na cama, muitas vezes contando histórias sobre o pai delas. Natalie adorava ouvir histórias sobre quando Beau e eu éramos crianças. Eu dormia em um sofá-cama no escritório e os levava para a escola de manhã antes de voltar à Washington, para trabalhar e para o tratamento ambulatorial contra as drogas. Com o passar do tempo começamos a viajar juntos, ir ao cinema, à missa de domingo, à praia.

Fui seduzido pela ideia de fornecer o mesmo tipo de extensão familiar que nos proporcionaram depois que perdemos nossa mãe e irmã, quando tia Val morou conosco e tio Jim transformou nossa garagem em um apartamento. Eu até sugeri a Kathleen após o funeral de Beau que nos mudássemos como uma família para a casa de Hallie em Delaware.

Minhas motivações estavam concentradas nessas crianças. Tudo se resumia em garantir que eu estaria presente para apoiá-las da maneira que eu sabia que meu irmão estaria presente para apoiar minhas garotas nas mesmas circunstâncias. Eu sabia por experiência própria o que a Natalie e o Hunter estavam sentindo porque eu havia sentido o mesmo. Tínhamos um relacionamento único. Eu participava da criação dos filhos do meu irmão antes mesmo dele morrer. Era uma pessoa central na vida deles. Era o mesmo relacionamento que Beau tinha com minhas filhas. Nunca medi esforços para ajudar os filhos de Beau, seja para aconselhá-los ou repreendê-los, e o mesmo acontecia com ele. Minhas garotas falavam com Beau sobre algo que as estava incomodando tanto quanto falavam comigo. Natalie e Hunter me procuravam tanto quanto procuravam o pai deles.

Eu não queria substituir meu irmão. Deus sabe que jamais conseguiria fazer isso. Mas queria sentir sua presença. Queria lembrar dele e pensei que, estando lá com seus filhos, eu poderia de alguma forma trazer seu amor de volta.

Olhando para trás, é difícil dizer se foi altruísmo ou egoísmo da minha parte. Simplesmente não sei dizer.

Depois que Hallie e eu voltamos de Sedona, no outono de 2016, nosso relacionamento continuou. Nós o mantivemos em segredo enquanto tentávamos descobrir aonde ele iria chegar.

Mas não durou muito. Depois de nossa viagem, Kathleen encontrou mensagens entre Hallie e eu em um velho iPad que devo ter deixado na casa. Isso deu a ela uma boa justificativa: eu era o doente dormindo com a esposa do meu irmão.

Tudo explodiu depois disso.

Em 23 de fevereiro de 2017, dois meses depois de Kathleen ter pedido o divórcio, ela entrou com uma ação no Tribunal Superior de Washington para congelar meus bens. A notícia saiu na página seis, a folha de fofocas do *New York Post*. Uma semana depois, a notícia de que Hallie e eu estávamos namorando também veio à tona. Um repórter do *Post* ligou me pedindo para confirmar ou negar o relacionamento. Ele me colocou – nos colocou – em um dilema. Uma negação faria do nosso relacionamento uma mentira, uma confirmação traria os repórteres dos tabloides à nossa porta.

Optei por uma afirmação direta. Eu disse, de forma honesta, que Hallie e eu éramos "incrivelmente sortudos por termos encontrado amor e apoio em um momento tão difícil".

Pedi a meu pai que fizesse uma declaração, também era uma forma de contar ao resto da família. Ele havia deixado o cargo de vice-presidente há apenas um mês.

— Pai – disse a ele –, se as pessoas descobrirem, mas acharem que você não está de acordo, vai parecer um erro. As crianças precisam saber que não há nada de errado com isso, e a única pessoa que pode dizer isso é você.

Ele estava relutante, mas finalmente disse que faria o que eu achasse melhor. Sua declaração ao jornal: "Todos nós temos sorte por Hunter e Hallie terem se encontrado quando estavam reconstruindo suas vidas depois de tanta tristeza. Eles têm apoio total meu e da Jill, e estamos felizes por eles".

A história foi veiculada no dia seguinte, 1º de março, sob uma manchete que berrava: VIÚVA DE BEAU BIDEN TENDO UM CASO COM O IRMÃO CASADO DELE.

Foi o princípio do fim. Hallie ficou horrorizada. Tornamo-nos um espetáculo para os tabloides. Nosso relacionamento foi noticiado por veículos como *Post*, *TMZ* e *Daily Mail*. Os paparazzi nos perseguiram sem parar. Nosso relacionamento não foi apenas anunciado em Wilmington, estava em 78 primeiras páginas em todo o mundo, da Tailândia à República Tcheca e Cincinnati.

De repente, nossas vidas passaram de um silêncio amargo para plena exibição. Eu estava tentando desesperadamente me segurar a uma parte do meu irmão e acho que Hallie estava fazendo o mesmo. Nenhum de nós havia pensado no relacionamento como um compromisso de longo prazo ou como algo permanente até que se tornou público, e então nenhum dos dois estava preparado para deixar o outro. Os holofotes nos forçaram a tomar decisões que não queríamos tomar – se você foi longe o bastante para admitir que está em um relacionamento com a viúva do seu irmão falecido, ou com o irmão do seu falecido marido, é melhor estar disposto (ou disposta) a ir até o fim. Caso contrário, o caso será visto como uma aventura lasciva. Fazendo uma retrospectiva, percebo que tentamos então fazer dar certo algo que nunca esteve nos nossos planos.

Todas as áreas da minha vida ficaram destruídas. Minhas filhas estavam arrasadas. Perdi quase todos os meus clientes e tive de pedir demissão do Programa Mundial de Alimentos. Quase tudo o que eu tinha e as coisas pelas quais era apaixonado evaporaram. Pior ainda, recaí logo após ter voltado de Sedona. Se estivesse limpo e sóbrio, poderia ter lidado com tudo isso de maneira mais eficaz. Poderia ter evitado que se transformasse nesse incêndio devastador.

Hallie e eu não havíamos morado juntos em tempo integral até o final daquele verão, quando nos mudamos para Annapolis. Queríamos fugir do aquário que Wilmington havia se tornado, mas ficar perto o suficiente para que eu pudesse ir a Washington e ver minhas filhas. Seria um novo começo. Alugamos uma casa e matriculamos Natalie e Hunter na escola.

Foi um fracasso logo de cara. Isso tornou as coisas mais difíceis. Ficou quase que impossível para Hallie se recuperar do seu luto e de outros problemas com os quais ela estava lidando, e o mesmo aconteceu praticamente comigo. Foi um erro de cálculo gigantesco de ambas as partes, erros de julgamento fruto de um período de tragédias.

A verdade é que nenhum de nós era confiável nem mesmo para fazer uma xícara de café decente e muito menos para fazer boas escolhas de relacionamento. Isso acontecia enquanto os *paparazzi* se aglomeravam para espiar por nossa janela. Nós dois estávamos muito envolvidos em nossos próprios problemas para sermos capazes de ajudar um ao outro. Por mais que pensássemos desesperadamente que poderíamos ser as respostas para a dor um do outro, nós apenas causamos um ao outro ainda mais sofrimento.

Para Hallie, eu era um lembrete constante do que ela já tivera e perdera. A vida que eu estava vivendo era a antítese da vida que meu irmão havia dado a ela. Eu estava no vício ativo, e pouco presente. Não queria ficar por perto quando usava para não expor Hallie e as crianças às drogas, e por isso ficava longe por longos períodos. Continuava a assumir o compromisso de ficar limpo e ficava, até não estar mais.

Para mim, a proximidade com os filhos do meu irmão estava no topo da minha lista de prioridades, eu acreditava que devia isso a Beau. Na realidade, Natalie e Hunter precisavam de seu próprio tempo para se recuperarem, sem serem lembrados do que não estava mais lá. Por mais que eu pudesse parecer e soar como Beau – tanto física como mentalmente, devido ao DNA que compartilhamos – eu nunca seria capaz de substituir o pai deles. Essa nunca foi minha intenção, é claro. Mas precisar descobrir sozinhas aquilo que necessitam não é o tipo de fardo que crianças tão novas devem ter que carregar.

Sem dúvida, meu fracasso na tentativa de deixar as drogas tornava tudo mais difícil. Uma coisa que toda criança precisa é consistência, especialmente uma criança que perdeu um pai querido. Nada na minha vida poderia proporcionar isso a eles.

Menos de três meses depois de termos ido morar juntos, eu praticamente me mudei. Depois, tentamos novamente em janeiro após um breve hiato durante o qual fiquei sóbrio. Era um novo ano – 2018 – e tudo poderia recomeçar. Alugamos uma casa diferente e matriculamos as crianças na escola por mais um semestre. Era difícil de aceitar que havíamos julgado as coisas tão mal, especialmente com tudo pelo que Natalie e Hunter já haviam passado.

Essa reformulação durou duas semanas.

A sensação era de um fracasso de proporções épicas. Nosso relacionamento havia começado como uma busca mutuamente desesperada pelo amor que ambos havíamos perdido, e nossa separação apenas aprofundou essa tragédia. Isso deixou o óbvio bastante claro: aquilo que se foi, se foi para sempre. Não havia como colocar os pedaços do sr. Batata de volta no lugar.

Essa constatação deixou mais difícil fingir que poderia ser diferente. E fez que o fato de ficar limpo e sóbrio se tornasse ainda mais difícil para mim. Meu oásis tinha desaparecido.

O que diabos eu faria agora?

CAPÍTULO NOVE

ODISSEIA DA CALIFÓRNIA

Usei meu superpoder – encontrar *crack* a qualquer hora, em qualquer lugar – menos de um dia depois de pousar em Los Angeles, na primavera de 2018.

Dirigi o carro alugado até o Chateau Marmont, em West Hollywood, onde me hospedei em um bangalô, e por volta das 4 da manhã já havia fumado todo *crack* que havia trazido. Os clubes cujos seguranças eram minhas fontes primárias estavam fechados, minhas ligações para Curtis não foram atendidas e o serviço de acompanhante havia desaparecido.

Lembrei-me de um pequeno grupo de mendigos que estava sempre perambulando em uma região onde havia algumas lojas em frente a outro clube, perto da esquina da Sunset com a La Brea, a cerca de 2 quilômetros de distância. A essa altura, como em qualquer outra caçada por *crack*, meu sentido aranha estava ativado. Quando entrei no estacionamento, lá estavam eles: um grupo vagando em torno de uma lixeira perto dos fundos. Eles haviam improvisado um pequeno acampamento com sacos de dormir. Eram, nitidamente, usuários.

Aproximei-me e perguntei se eles tinham alguma coisa para vender. Eles não tinham nada e, àquela hora, não tinham interesse em procurar em outro lugar. Outro cara do grupo saiu da loja de conveniência ao lado, disse que sentia muito mas também não tinha nada, mas sabia onde conseguir. Teríamos que dirigir até o centro.

Ele tinha cerca de 50 anos e parecia ter acabado de sair da prisão – de fato, ele me disse que havia sido solto naquele dia. Ficava puxando as calças porque ainda não tinha um cinto e carregava tudo o que tinha em uma sacola de plástico de uma rede de farmácias. Estava desesperado a ponto de entrar no carro com um estranho que facilmente poderia ser um policial.

E eu estava desesperado a ponto de chamá-lo para entrar no meu carro.

Quase não conversamos durante a viagem, que durou 20 minutos. Ele me disse seu nome e que havia servido na Força Aérea. Assim que chegamos ao centro, passando a Pershing Square, ele me guiou pelas ruas desertas dos distritos das flores e da moda da cidade. Os escritórios e lojas estavam fechados. Na escuridão da madrugada, um vasto enclave de sem-teto surgiu ao longo das calçadas em ambos os lados da rua. Agrupados, um quarteirão após o outro: tendas improvisadas, caixas de papelão esticadas no chão, lonas.

A cena parecia pós-apocalíptica. A área parecia mais escura do que o resto da cidade pela qual tínhamos acabado de passar, quase sem eletricidade, como residências antigas. O lixo estava espalhado pelas ruas e o ar pesado e quente fedia a suor e podridão. Carrinhos de compras carregavam os bens de uma vida inteira. A maioria de seus proprietários estavam desmaiados nas proximidades. Os únicos carros que vi foram viaturas da polícia. Passamos pelo menos por três delas nos primeiros minutos depois que chegamos. Um silêncio assustador deixava a atmosfera ainda mais sinistra.

Era um lugar perigoso para se visitar, e ainda mais perigoso para se viver. Não havia um clima amistoso e fraternal àquela hora: quando duas pessoas se encontravam, ambas congelavam se encaravam até que alguém fosse embora – *se* alguém fosse embora. Ninguém dizia um cortês "Fala, mano". Não havia nenhum vestígio do espírito humano velado naquele niilismo.

Não havia poesia alguma naquele lugar.

— Encoste aqui.

O cara saiu com os US$ 100 que dei para ele e me disse para não ficar parado na rua, pois havia muitos policiais por ali. Eu o observei desaparecer por uma fenda entre duas tendas e comecei a andar pela área. Eu estava começando a ficar nervoso depois da minha terceira volta – enganado de novo! Quando vi o cara acenando para mim, um espectro nas sombras. Ele entrou no carro com US$ 100 em *crack*. Entreguei a ele outros US$ 200 e lhe disse para pegar metade para ele.

Dessa vez, só precisei dar uma volta.

O cara perguntou se eu poderia levá-lo de volta para Sunset com a La Brea. Eu o deixei no acampamento e fui direto para o meu bangalô, com o sol começando a surgir no horizonte.

Voltei àquele lugar sozinho mais algumas vezes durante meu autoexílio de cinco meses em Los Angeles – na verdade, aquilo era mais um desejo de morrer. Ia para lá depois que os últimos clubes noturnos haviam fechado, às 6 da manhã, quando os traficantes X, Y ou Z não estavam mais trabalhando. Nenhum deles estaria em pé de novo antes do meio-dia. Isso era muito tempo para mim: eu não podia esperar seis horas pelo meu próximo trago. O sol ficava alto e eu ainda estava andando por aí, frenético e fissurado.

Mesmo naquele mundo enlouquecido, não há uma rede tão eficaz disponível para alguém que fica acordado 24 horas por dia, fumando a cada 15 minutos, sete dias por semana. Ninguém consegue atender a esse tipo de necessidade. Por maior que fosse a rede de fornecedores que alguém como eu pudesse organizar, sempre havia falhas no serviço.

Essa cidade de tendas no centro corrigia essa falha.

Encontrei a fenda entre as duas tendas por onde vi meu amigo da Força Aérea passar logo na primeira vez em que voltei lá sozinho. Por mais improvisado e caótico que o lugar parecesse, havia lógica e consistência ali. Passei por algumas pessoas enroladas em pedaços finos de papelão. Atrás deles, notei uma tenda improvisada e escura. Afastei um tecido, dentro estava um breu. Tudo o que pude ver foi uma arma apontada para meu rosto.

Fiquei lá, imperturbável: presumi que estava no lugar certo. Se o cara agachado tinha uma arma, ele tinha algo que valia a pena proteger. Eu estava certo. Disse a ele que já tinha estado lá antes com Joe, ou sabe lá o nome que dei para o sem-teto que me levou lá antes. A resposta dele: "De que diabos você está falando?". Então eu perguntei se ele tinha alguma pedra. "Ah," ele disse abaixando a arma. Remexeu em suas coisas e tirou uma bolsa. Ele nem mesmo se levantou. Eu vi outra pessoa deitada à sua direita, dormindo profundamente, roncando suavemente. Só comprei um pouco porque ele só tinha um pouco, mas foi o suficiente para me segurar até que o resto do mundo miserável de sanguessugas ao qual agora pertencia estivesse acordado e de volta ao trabalho.

Fui direto para o meu carro e entrei. Eu estava tremendo e com vergonha. Então acendi.

Trinta segundos depois, estava entorpecido e voando e não havia mais vergonha alguma – até a próxima vez.

Por meses e meses – durante a maior parte do ano – sempre houve uma próxima vez.

Parece absurdo agora, dado aquele primeiro dia, mas vim para a Califórnia para começar do zero. Eu queria um lugar para me distanciar e ter um certo nível de anonimato. Queria me afastar de Washington e de todas as lembranças ruins e más influências de lá.

Queria ir para um lugar que não estivesse sempre cinza. Queria recomeçar. Planejei alugar um lugar, me instalar e ficar por lá.

Em vez disso, fiquei escondido dentro do Chateau durante as primeiras seis semanas e aprendi a cozinhar *crack*. Naquele ponto do meu fundo de poço, estava perfeitamente ciente da história mais depravada do hotel, isso fazia parte do *show*. Meu bangalô era perto de onde John Belushi havia morrido de overdose. Não muito tempo depois que supostamente Jim Morrison saltou de uma janela do quinto andar do Chateau, ele morreu na banheira de um hotel em Paris. Eu pensava muito sobre essas coisas. A quantidade de álcool que bebia e a de *crack* que fumava era impressionante – até desafiava a morte. Morrison era um iniciante comparado às maluquices que eu fazia.

Cozinhar *crack* exigia prática, mas não era nada complicado demais: bicarbonato de sódio, água, cocaína. Só isso. Decidi eliminar o intermediário que podia diluir sabe Deus o quê no produto. Além disso, meu bangalô tinha tudo de que eu precisava: fogão, potes de vidro, micro-ondas e um tutor que fazia visitas domiciliares – Honda, o skatista-tunador de carros-traficante.

Os elementos mais importantes do processo eram obter um pote adequado para cozinhar tudo, um pote que não fosse fino demais a ponto de quebrar nem grosso demais a ponto e prejudicar o aquecimento, e usar as proporções certas. Tornei-me absurdamente bom nisso – acho que a nota alta que tirei no vestibular para a faculdade de Direito serviu para alguma coisa, mas, ainda assim, às vezes acontecia uma grande merda. Como aquecer a mistura no fogão em um pote de comida para bebê que se estilhaçava e estragava tudo. Ou – isso foi mais tarde, em um quarto de hotel sem fogão nem micro-ondas – aquecer com um isqueiro maçarico, segurando o pote por tempo demais a ponto de não esfriar a tempo e queimar a ponta dos meus dedos.

É menos potencialmente tóxico comprar de alguém que sabe cozinhar. Mas cozinhar sozinho abriu novas portas para mim:

havia dez vezes mais traficantes de cocaína em pó do que de *crack*. Comprar cocaína era um processo mais refinado, relativamente falando. Principalmente se comparado as minhas incursões desesperadas na cidade das tendas. Imaginei que podia eliminar uma camada repulsiva do mundo das drogas.

Eu estava pronto para a corrida! Havia aprendido.

Com um quarto ao lado da piscina, não saí dos jardins luxuosos do Chateau por mais de uma semana. Eu cozinhava e fumava, cozinhava e fumava. Ocasionalmente, saía tarde da noite e dirigia meu carro por horas através de Hollywood Hills – indo e voltando na sinuosa Mulholland Drive, subindo e descendo o zigue-zague do Laurel Canyon Boulevard. Mesmo com a vasta galáxia de luzes de Los Angeles piscando abaixo, era como ser jogado em um outro mundo. Era selvagem e primitivo e, exceto pelo uivo de um coiote distante ou o barulho de uma ave feroz, tudo ficava em silêncio. Assistia ao nascer do sol no Runyon Canyon.

De forma inconsciente, aquilo representou o começo da minha paixão pela Califórnia, um lugar que agora amo, com suas cavernas selvagens e criaturas ferozes me rodeando. Mesmo em meu estado lastimável, mantive essas imagens no fundo da minha mente, observando que isso poderia algum dia ser um refúgio. Aquele era um lugar cheio de "coisas belas", se conseguisse manter meus olhos abertos tempo suficiente para apreciá-las.

Às vezes, eu parava e escrevia cartas rápidas para Beau sobre a região:

> *Caro Beau,*
>
> *Aqui é bem diferente do que pensávamos que seria. Nem tudo é apenas Beverly Hills e praia. É uma região com cavalos e montanhas. Há uma sensação persistente de um lugar selvagem e antigo, que ainda está no ar. Você ficaria surpreso com a quantidade de áreas verdes na cidade e como as colinas de Hollywood são bonitas.*

> *Você sabia que há leões da montanha e coiotes aqui? Quero dizer BEM AQUI PERTO? Eu gostaria que nós dois tivéssemos aprendido a surfar. Lembro-me de quando costumávamos dizer que você, eu e papai íamos andar para cima e para baixo de motocicleta na rodovia Pacific Coast. Lamento nunca termos feito isso.*
>
> *Te amo,*
>
> *Hunter*

Então, voltava para West Hollywood para cozinhar e fumar, cozinhar e fumar.

Meu único contato com pessoas era sair com um bando de gângsteres de Samoa. Fui apresentado a eles pelo Curtis e sua namorada.

Durante os quatro ou cinco meses seguintes, minhas relações se resumiam a um mundo noturno opaco e sinistro de vidas interconectadas que vagavam por Los Angeles entre 2 e 8 horas da manhã. Consistia principalmente em Curtis e seu extenso bando de ladrões, drogados, pequenos traficantes, *strippers*, vigaristas e parasitas variados, que convidavam seus amigos e parceiros. Eles se agarraram a mim e não me deixavam ir, tudo com a minha aprovação.

Não dormia. Não tinha horário para nada. O dia transformava-se em noite e a noite se transformava em dia. Com as cortinas sempre fechadas, não havia distinção entre os dois. A certa altura, fiquei tão desorientado que pedi para que um dos parasitas abrisse a cortina para que eu pudesse ver se era dia ou noite.

Comecei a ter pavor de dormir. Entrava em pânico se descansasse muito tempo entre os tragos no cachimbo. Apagava por alguns minutos e, quando acordava, a primeira coisa que eu perguntava era: "Onde está o cachimbo?". Outras vezes, procurava pelas pedras de *crack* que deixava em uma mesa de cabeceira e descobria, para meu horror, que estavam espalhadas por todo quarto – alguém tinha deixado uma janela ou a porta aberta. Ficava de joelhos para examinar o chão e revistar o tapete com os dedos. Às vezes não tinha a menor ideia do que era aquilo que acabara de encontrar: "Isso é um pedaço de parmesão da travessa de queijo que pedimos ontem à noite? Ou é *crack*?".

Não fazia diferença: eu fumava mesmo assim. Se fosse *crack*, ótimo. Se não, eu dava um trago, soltava a fumaça e pensava: "Que merda, não é *crack*, é a porra do queijo!".

Tornei-me ainda mais patético. Enquanto dirigia por aí, muitas vezes comia pipoca de *cheddar* branco que comprava em lojas de conveniência, comendo direto do saco. Se por acaso meu *crack* acabava, vasculhava o assoalho, os suportes para copos e os painéis das portas do meu carro em busca de vestígios que pudesse ter deixado cair. De novo, as migalhas de *crack* eram frequentemente indistinguíveis dos salgadinhos. Posso dizer com algum grau de certeza que fumei mais pipoca de queijo *cheddar* do que qualquer outra pessoa na face da terra.

Com o tempo, treinei meu corpo para funcionar com cada vez menos horas de sono. Depois de três dias seguidos, ficava lento e caminhava por toda parte como um zumbi. Fazia um esforço para atravessar essa fase e logo meu corpo se recompunha: me sentia como se tivesse acordado às 8 da manhã depois de um fim de semana cortando grama e jogando golfe, pronto para o trabalho. Eu fumava um pouco mais e voltava a ficar ativo por mais três dias, mais seis dias ou mais doze dias.

Minha cota semanal de sono era de no máximo dez horas. Mas isso era irregular e quase inútil – definitivamente não era o sono REM. Eu dava um cochilo no meu carro enquanto esperava por um traficante, no assento do vaso sanitário, em uma espreguiçadeira à beira da piscina do hotel. Se eu adormecia por muito tempo, um dos parasitas do meu quarto certamente me acordava pedindo mais.

Todos nós já nos colocamos em situações arriscadas. Coloquei-me em situações como essas por dias, semanas e meses seguidos.

Ficava em um local até cansar, ou até que ele se cansasse de mim, e então seguia em frente, seguido por meu alegre bando de vigaristas, canalhas e párias.

A disponibilidade motivava algumas das mudanças e a impulsividade levava a outras. Um exemplo de itinerário:

Na primeira vez que saí do Chateau, fui para um Airbnb em Malibu. Quando não pude mais reservá-lo por mais de uma semana, voltei para West Hollywood, no hotel Jeremy. Fiquei hospedado também no Sunset Tower, no Sixty Beverly Hills e no Hollywood Roosevelt. Em seguida, outro Airbnb em Malibu e outro em Hollywood Hills. Em seguida, de volta ao Chateau. Depois, fui para o NoMad, no centro da cidade, e para o Standard na Sunset. Então retornei ao Sixty, a Malibu...

A cena era a mesma em todos os lugares. Às vezes, desenhava rascunhos dos interiores dos quartos, mas logo percebi que todos eram parecidos. Eu colocava uma placa de NÃO PERTURBE na porta logo de cara; as camareiras nunca entravam. No final da estadia, o brilho dourado suave da luz do quarto de luxo iluminava lençóis de algodão de alta qualidade espalhados pelo chão, pratos e travessas empilhados, o telefone ao lado da cama permanentemente fora do gancho.

Uma trilha de formigas de traficantes e seus ajudantes entravam e saiam, dia e noite. Eles chegavam em Mercedes de última geração, usando camisetas enormes dos Raiders ou dos Lakers e relógios Rolex falsos reluzentes. Suas namoradas *strippers* convidavam as amigas, que convidavam os namorados. Eles bebiam todo o que havia no minibar, chamavam o serviço de quarto e pediam filé mignon e uma garrafa de Dom Pérignon. Uma das mulheres até pediu um filé adicional para o cachorro que ela trouxe na bolsa.

Quando terminavam, dois ou três dias depois, eles saíam com as toalhas com as iniciais do hotel, almofadas, edredons e cinzeiros. Seguranças de boate que recebiam salário mínimo e tinham negócios paralelos – venda de drogas, garotas, acesso a áreas VIP em troca de algum dinheiro – agora tinham uma nova vítima:

Eu!

Esse é o negócio deles. Uma noite, algumas mulheres no meu quarto começaram a falar sobre histórias que ouviram sobre um cara em Hollywood Hills que havia criado uma plataforma de mídia social, ganhado milhões, talvez bilhões, e agora estava viciado em drogas. Elas estavam maravilhadas com a fuga em debandada da casa dele. Levaram suas TVs, carros e os últimos centavos de sua conta bancária. Eles falavam sobre isso abertamente, quase que num tom profissional. Trocavam dicas e aprendiam novas ações. A sacada deles: tenho que chegar lá rápido! Era um estilo de vida que girava em torno de sugar tudo das pessoas ricas que acabavam se viciando.

Eu não era melhor que eles. Fazia parte da depravação tanto quanto eles. Fumava *crack* a cada 15 minutos. Eles só viviam às minhas custas porque eu permitia. Contanto que eles não tocassem nas minhas drogas, não atrapalhassem meu uso nem criassem alguma situação que me impedisse de ficar no hotel, eu não estava nem aí para eles.

A maioria trazia suas próprias drogas e ficava focado no seu próprio vício: heroína, metanfetamina, beber até entrar em coma alcoólico. Se minhas drogas acabassem, eu me juntava a eles. O sofrimento adora companhia.

Eu alugava o quarto por uma noite e em seguida pedia para ficar mais uma. Então outra e mais outra. Quando a gerência do hotel queria que eu saísse, eles se recusavam a prorrogar minha estadia, educadamente, mas com firmeza, me dizendo que outra pessoa havia reservado o quarto e não havia outras vagas. Em outras ocasiões, alguém da recepção me dizia que os hóspedes estavam reclamando do desfile de vagabundos entrando e saindo do meu quarto e me pedia para sair. Eu via isso como racismo e deixava isso claro para a pessoa.

De vez em quando, alguma alma sensível e desesperada surgia no quarto e parecia ainda possuir traços de gentileza ou preocupação. Eu acordava e via todas as minhas roupas dobradas e colocadas na cômoda e pensava: "Uau, ela é realmente fofa". Então, percebia que ela havia dobrado minhas roupas depois de vasculhar todos os meus bolsos, levando tudo o que encontrava. Outros fizeram a mesma coisa em minhas malas e no carro – simplesmente levaram tudo.

Perdi a conta das carteiras e dos cartões de crédito roubados. As cobranças chegavam: mocassins Gucci, um casaco esportivo de US$ 800, malas Rimowa. Eu me arrastava até a agência do Wells Fargo, na Sunset, para falar com um dos caixas sobre a perda e substituição do meu cartão. Todos me conheciam. Eles sorriam e me pediam para falar com gerente da agência, uma mulher armênia extremamente paciente. Sua resposta usual: "Não podemos lhe dar um cartão novo sem a apresentação de um documento de identidade".

Mas quanto mais eu aparecia por lá, mais ela ficava com pena de mim.

— Hunter – dizia ela suspirando, como você consegue perder seu cartão tantas vezes?

A contradição entre a beleza que via durante minhas viagens pelas colinas e a subcultura horrível com a qual eu estava envolvido de forma voluntária era deprimente, desmoralizante e degradante. Era tudo muito obscuro. Eu ainda sinto um nó no estômago quando penso em quanto dinheiro perdi, em como achava que aquelas pessoas eram minhas amigas. Não houve uma conversa em um desses quartos de hotel em que algo genuíno ou pertinente tivesse sido falado. Nem uma vez. Eu não reconheceria 90% daquelas pessoas se as encontrasse novamente.

Estava tão perdido no meu vício que via as pessoas me roubando e não me importava com isso, ao menos não o suficiente para impedi-las – contanto que o ciclo de drogas, sexo, exaustão e euforia continuasse se repetindo infinitamente. Era uma depravação ininterrupta. Eu estava vivendo em uma cena composta do filme *Medo e Delírio* e *Uma Vida Alucinante*, a adaptação da autobiografia de um roteirista de TV sobre seu vício em heroína que custava US$ 6 mil por semana. Um filme que até hoje me deixa mal quando assisto por ser muito parecido com o que vivi em meus piores momentos.

Minha aversão àquele mundo se perpetua. Eu não deixava de perceber a depravação daquela situação. Estava com nojo de mim mesmo, mas continuei fazendo as mesmas coisas. Não sabia como parar, estava preso em um *loop* infinito e não conseguia encontrar a saída. Tinha me afastado da minha família, amigos, de todos. Tinha afastado qualquer possibilidade de restrições.

Isso torna você uma pessoa tão endurecida que fica difícil encontrar o caminho de volta. Você praticamente extingue seu lado bom. Depois que você determina que é de fato a pessoa má que todos pensam que você é, fica difícil encontrar o cara bom que você já foi. Por fim, parei de procurá-lo: cheguei à conclusão de que não era mais a pessoa que todos que me amavam pensavam que eu era. Então, por que continuar a decepcionar a mim mesmo? Por que continuar a decepcioná-los? Por que não simplesmente desaparecer?

É mais fácil do que você pensa.

Eu ainda mantinha minha ligação com Beau. Mas senti que ela estava se esvaindo. À medida que o verão avançava, as cartas que escrevia para ele em meus diários começaram a soar mais fúteis, mais cheias de justificativas, menos confiantes na possibilidade de que eu encontraria uma saída.

Caro Beau,

Onde você está? Estou aqui e você não entende como eu estou mal. Eu sei que você está aí, mas eu preciso de você. Sei que papai está ficando louco de preocupação comigo, mas não sei o que fazer com isso. Vou descobrir, mas ainda preciso de você. Eu não suporto o fato de não poder tocar em você.

Te amo,
Hunter

E:

Caro Beau,
Juro que estou tentando ajudar a Natalie e o Hunter. Acho que estraguei tudo, mas não sei como estar presente para eles quando claramente não estou presente nem para mim mesmo. Sinto que traí a única coisa que nunca tivemos que prometer que faríamos: cuidar dos filhos um do outro.

Te amo...

Nunca pensei, de fato, em suicídio. Mas eu ansiava por uma fuga, uma reconexão – qualquer coisa que não fosse aquilo.

Caro Beau,
Como você acha que é para mim ser aquele que foi deixado para trás? Não sei se sou forte o bastante para fazer isso. Parece que não estou fazendo nada além de causar mais dor por ter ficado aqui. Seria tão ruim assim se estivéssemos juntos?

Te amo...

Eu disse à família em Delaware que estava me esforçando para ficar sóbrio – seja lá o que isso significasse naquele momento. Eu digo o que isso significa: nada. Eu fiquei bom em contar histórias como essa.

Funcionou durante um tempo. Minhas filhas me ligavam. Dizia a elas o quanto estava com saudades, que as veria em breve, então desligava e chorava por uma hora. Fazia o mesmo com Natalie e o pequeno Hunter. Ao final das ligações, me sentia mais sozinho, desanimado e viciado do que antes, sem ter para onde ir, afastado de tudo, cheio de autopiedade – o reflexo natural de um adicto – acreditando que todos estariam melhor sem mim. Era uma postura bem conveniente.

Papai também me ligava, é claro. Dizia a ele que estava tudo bem. Mas ele deixou de acreditar em mim depois de algum tempo. Minhas respostas foram ficando cada vez mais sucintas e inconstantes. Quando parei de atender as ligações dele e das minhas filhas, o que aconteceu quando a situação ficou mais grave, ele enviou a cavalaria: meu tio Jim.

Tio Jimmy é meu melhor amigo e papai sabia que se o seu irmão mais novo me pedisse para fazer algo, eu faria. Tio Jim tem seu superpoder: ele faz as coisas acontecerem. Então ele embarcou em um avião para Los Angeles, me tirou do meu quarto no Hollywood Roosevelt e disse: "Encontrei um lugar. Vamos".

Eu fui. Ele me internou em uma clínica de reabilitação em Brentwood, onde fiquei limpo por cerca de duas semanas. Então fui morar em um lugar que aluguei em Nichols Canyon, nas colinas, com um acompanhante terapêutico. Foi ótimo – a beleza, a paz, o apoio – até o momento em que tive uma recaída.

O que aprendi depois de uma primavera e um verão de depravação incessante: nada.

Só que foi horrível.

Inimaginavelmente horrível.

CAPÍTULO DEZ

ESTRADA PERDIDA

Minha penúltima odisseia pelo vício total foi mais miserável, triste e solitária do que a anterior, no sul da Califórnia.

Voltei para o leste. As árvores logo ficaram nuas e o céu baixo cor de ardósia parecia pairar centímetros acima da minha cabeça. Em minha mente, não consigo me lembrar de um único dia durante os meses após minha volta sem que o céu estivesse cinza e nublado, um cenário apropriado e sinistro.

Eu havia voltado naquele outono de 2018, após minha recaída mais recente na Califórnia, com a esperança de ficar limpo por meio de uma nova abordagem terapêutica e me reconciliar com Hallie.

Nenhumas das duas coisas aconteceu.

Por todas as razões óbvias – meus desaparecimentos prolongados, minha incapacidade de ficar sóbrio, a necessidade dela de estabilizar-se e reordenar sua vida e família –, Hallie e eu desistimos. Nosso relacionamento não ajudaria nenhum dos dois. Nossa tentativa de manter Beau vivo estava fadada ao fracasso desde o início. A destruição foi total. Tentei explicar as coisas para minhas filhas, mas como poderia esperar que elas compreendessem uma situação que nem eu mesmo conseguia entender?

O próximo passo na minha agenda era ficar limpo. Fui de carro até Newburyport, Massachusetts, uma cidade da região da Nova Inglaterra que já foi um centro de construção naval, hoje transformada em local de turismo, situada a 90 quilômetros ao norte de Boston. Um terapeuta dirigia uma clínica de bem-estar que praticava uma abordagem antidrogas conhecida como infusão de ketamina. Fiz duas viagens para lá. Na primeira vez fiquei cerca de seis semanas, voltei para Maryland e depois voltei para algumas semanas de acompanhamento, em fevereiro do ano seguinte.

Depois de muitas tentativas fracassadas de reabilitação, tinha certeza de que ficar limpo dependia de mais coisas do que apenas ouvir alguém dizendo que a dependência química é uma doença e requer 100% de abstinência. Embora isso funcione para muitas pessoas, e em alguns períodos havia funcionado para mim, tinha certeza de que meus traumas era algo que eu precisava resolver, especialmente depois da morte de Beau.

Fiz algo semelhante em 2014, quando fui me tratar no México, com algum sucesso. Esse tratamento, que primeiro usava a ibogaína, depois o 5-MeO-DMT, ambos compostos psicoativos, foi uma experiência alucinante em um sentido muito literal.

A terapia com ibogaína foi sombria. Depois que ingeri a substância sozinho, em uma sala silenciosa da clínica em Tijuana, uma apresentação de *slides* da minha vida piscou diante dos meus olhos, uma explosão de imagens em sequência. Não consigo me lembrar de todas as visões, mas lembro de não ter controle sobre elas, ou seja, não conseguia pará-las.

Fiquei paralisado, incapaz de mover meus braços, pernas ou qualquer outra parte do meu corpo. Isso me deixou muito assustado. Fiquei preocupado achando que nunca mais iria me mexer. Quando uma enfermeira entrou no quarto para verificar meus sinais, o rangido da porta do quarto soou como pregos em uma lousa dentro dos meus ouvidos. Tudo estava intensificado. Isso foi seguido pelo que eles chamam de "dia cinzento", um período em que me senti como se estivesse em uma profunda depressão. Eu lentamente fui me recuperando e, doze horas depois de começar, o tratamento acabou.

Fui levado de lá para uma casa de praia em Rosarito, a cerca de 20 quilômetros ao sul de Tijuana, para fazer a terapia com 5-MeO--DMT, que emprega as secreções glandulares do sapo do deserto de Sonora – isso deve dar uma ideia do estado em que eu estava. Uma enfermeira inteligente e gentil me ajudou durante todo o processo, que durou cerca de 30 minutos, embora parecesse ter durado três horas, ou três dias, ou três anos.

Foi uma experiência profunda. Ela me conectou de uma forma vívida e renovada a todos em minha vida, vivos ou mortos. Qualquer divisão entre mim, meu pai, minha mãe, Caspy ou Beau desapareceu, ou pelo menos se tornou irrelevante. Parecia que eu estava vendo toda a existência de uma vez – e como se fosse uma coisa só.

Sei que parece loucura. Mas o que quer que tenha feito ou não, a experiência desbloqueou sentimentos e mágoas que estavam enterrados profundamente havia muito tempo. Serviu como um bálsamo. Fiquei sóbrio por um ano – até sair furioso daquele desastre durante a sessão de terapia com a Kathleen.

As sessões de ketamina foram igualmente intensas e assustadoras, mas não tão eficazes, embora isso tenha sido mais por culpa minha do que deles.

Originalmente desenvolvida como um tranquilizante animal e mais tarde usada para anestesia cirúrgica durante a Guerra do Vietnã, a ketamina tornou-se amplamente conhecida por seu uso ilegal como uma droga de discotecas – Special K. Médicos pesquisadores descobriram que ela é eficaz no tratamento da depressão e do estresse pós-traumático. Como extensão, também tem sido usada para ajudar a interromper o ciclo da dependência química.

Seu efeito pode ser atordoador e alucinógeno, embora de uma forma controlável. Você é capaz de falar sobre tudo o que está vivenciando ou vendo. Para mim, medos e traumas passados vieram à tona vividamente: Beau e eu ficando acordados até tarde quando crianças com medo de que quando acordássemos pela manhã descobríssemos que o papai havia nos deixado. Nós dois olhando um para o outro no leito do hospital após o acidente (e o acidente em si).

Durante essas sessões, e depois delas, eu ansiava ainda mais pela presença do Beau e do papai, sentia nossa conexão física e psíquica, juntos – nós três como um. Com uma peça tão grande do quebra-cabeça faltando me esforcei para descobrir como papai e eu nos encaixávamos agora. Senti-me culpado e confuso pela distância. Senti como se estivesse matando a única coisa que poderia me dar esperança.

O resultado da terapia foi desastroso. Eu não estava pronto para processar os sentimentos que ela desencadeou ou incitou ao me fazer reviver traumas físicos e emocionais do passado. Então recaí. Fiz exatamente o contrário do que vim fazer em Massachusetts. Fiquei limpo por uma semana, saí da clínica para encontrar um traficante que conhecia em Rhode Island, fumei e depois voltei. Uma coisa que eu sabia fazer muito bem naquela época era enganar as pessoas sobre minhas recaídas. Antes de voltar para lá, cheguei até a comprar urina limpa de um traficante de Nova York para passar no teste de drogas.

Claro que todo aquele tempo e esforço foram inúteis. Não culpei o tratamento, pois duvido muito que algo positivo possa acontecer com alguém que toma ketamina enquanto ainda está sob efeito do *crack*.

A realidade é que a viagem a Massachusetts foi apenas mais uma mentira minha fingindo que estava tentando melhorar. Eu sabia que contar à minha família que estava na reabilitação significava que eu poderia lhes dizer que não poderiam entrar em contato comigo enquanto eu estivesse em tratamento. A minha cota de tentativas hipócritas de ir para a reabilitação estava estourada. É impossível ficar bem, não importa qual seja a terapia, a menos que você esteja completamente comprometido. O "Livro Azul" de Alcoólicos

Anônimos – a Bíblia do abuso de substâncias, escrita pelo fundador do grupo Bill Wilson – deixa isso claro: "Meias medidas não nos servem de nada".

A essa altura da minha vida, tudo o que havia no meu livro eram meias medidas.

Finalmente, o terapeuta em Newburyport disse que não adiantava continuar.

— Hunter – disse ele, com toda a sinceridade irritada e empática que conseguiu. – Isso não está funcionando.

Voltei para Delaware sem condições de encarar nada nem ninguém, e para garantir que não precisaria fazer isso, peguei a saída para New Haven.

Nas três ou quatro semanas seguintes, morei em uma série de hotéis baratos ao longo da Interestadual 95, entre New Haven e Bridgeport. Troquei os bangalôs de US$ 400 por noite de Los Angeles e o desfile interminável de degenerados reluzentes pelo lado mais sombrio de Connecticut, com quartos de hotel de US$ 59 por noite cheios de traficantes, prostitutas e viciados em drogas – assim como eu.

Eu não tinha mais um pé na sociedade civilizada e um pé fora dela. Agora evitava completamente a sociedade civilizada. Quase não ia a lugar algum, exceto para comprar. Era eu e um cachimbo de *crack* em um hotel degradado, sem saber onde estava ao certo. Toda a minha energia girava em torno de usar drogas e fazer arranjos para comprar mais drogas – tinha que manter a roda girando. Para facilitar, comecei a usar o mesmo cronograma de sono do tempo em que estive em Los Angeles: nunca dormir! Agora já não havia mais nada que indicasse que eu era um cidadão respeitável.

O *crack* é um ótimo nivelador.

Assim como na Califórnia ou em qualquer outro lugar que eu tenha ficado desde que esse longo pesadelo começara, cada novo dia parecia exatamente como o dia anterior. Nada ocorria da forma tradicional em um *continuum* de acordar/dormir.

Se eu conhecesse o traficante, ou seja, se tivesse comprado dessa pessoa antes e tivesse seu número de telefone, começava a tomar providências para comprar dele assim que meu estoque estivesse acabando. Quando conseguia contatá-lo, tinha que descobrir como me encontrar com ele. Se combinávamos o horário e o local, seria aleatório, mas sempre na parte mais desabitada da cidade.

É impossível não levar em consideração a questão da espera. Nenhum traficante trabalha no cronograma urgente de um usuário. Então você marca um encontro em frente a uma loja de conveniência em tal rua, senta-se no carro e espera. E espera. Uma hora se passa desde a hora em que ele disse que estaria lá. Ele não atende o telefone. Você começa a pirar. As pessoas continuam entrando e saindo da loja, e a pessoa que trabalha na loja fica olhando em sua direção, se perguntando por que diabos você está estacionado ali faz duas horas.

Nesse ponto, você já está prestes a surtar – precisa usar. Se sente totalmente esgotado e fica mais difícil manter os olhos abertos, mesmo que por pouco tempo. Você liga para o traficante algumas vezes. Depois, uma dúzia de vezes mais.

Você continua ligando. Ele continua sem atender. O balconista da loja continua observando.

Horas depois o traficante aparece. Sem nenhuma explicação. Provavelmente ele trouxe menos do que você pediu ou quer mais dinheiro do que o que estava combinado. Nunca é simples. É sempre uma negociação complicada. Você finalmente pega o que ele tem e espera que seja o que ele diz que é. A possibilidade do produto estar misturado com alguma coisa é tão grande que dificilmente todo esse esforço vai ter valido a pena.

Três ou oito horas depois você já está de volta ao telefone repetindo a mesma rotina por duas ou três vezes. A essa altura você já não se importa mais ou nem sabe dizer se é manhã ou noite. Não há mais diferença entre 4 da manhã e 4 da tarde.

É obviamente uma vida insustentável. A monotonia é insuportável. É sempre a mesma coisa – os mesmos filmes na TV, as mesmas músicas no iPod. Sua mente está desprovida de qualquer pensamento além de como obter mais drogas.

Os hotéis onde eu ficava eram frequentados por pessoas que precisavam sustentar seu vício e pagar pelos quartos. A idade delas variava entre 25 e 45 anos de idade. Era fácil identificá-los. Ficavam olhando pela janela ou sentados do lado de fora de seus quartos para ver quem poderia ser um possível traficante. Nossos quartos todos ficavam de frente um para o outro ou davam para um estacionamento comum. Se você ficar olhando pela janela por algum tempo é capaz de ver quem está entrando e saindo e quem pode ter *crack* ou informações sobre onde comprá-lo.

Às vezes alguém ia até meu quarto para me vender algo ou repassar o contato de um traficante, e cobrava uma taxa pelo serviço. Quando concluíamos a transação, o cara geralmente já tinha sumido quando eu me dava conta de que meu relógio, jaqueta ou iPad havia sumido. Isso acontecia o tempo todo.

Mais frustrante era quando me diziam que ficaram sabendo que fulano tinha um produto de boa qualidade, mas estava em Stamford, a cerca de uma hora de distância. Eu dirigia até Stamford, ficava esperando em um estacionamento por uma hora, para finalmente alguém aparecer de mãos vazias. O cara então fazia dez ligações para me dizer que alguém em Bridgeport tinha algo. Mais meia hora dirigindo de volta na rodovia 95, onde eu teria que esperar por mais uma hora do lado de fora de uma loja. Às vezes valia a pena, às vezes não. Devo ter feito mais de um milhão de "corres" atrás de drogas.

Certa vez, vi alguém entrar em um quarto, fechar a porta, sair 15 minutos depois e se dirigir ao carro. Em um mundo em que somente há condenados em condicional vagando por aí com alvará suspenso ou sem alvará nenhum, esse cara se destacava. Ele estava limpo, barbeado e confiante. Mas não arrogante. Alcancei-o um pouco antes dele sair e perguntei o que eu sempre perguntava: "Você tem pedra?". Interações como essa geralmente eram o começo de uma entre duas coisas: ser completamente enganado ou uma conexão de drogas estável.

Foi assim que conheci John, e aquele momento marcou o início das duas coisas.

John era um traficante de *crack* de New Haven que já havia passado dez anos na prisão por tráfico. Na cabeça dele, aquela era sua única opção. Disse que tinha uma família para sustentar. Em um tom baixo, de barítono, ele me contava histórias sobre sua vida e seus filhos. Conversávamos sobre política internacional. Ele era uma figura rara neste universo particular: era uma pessoa interessante. Acreditei na maior parte das coisas que ele me disse, porque quis – porque precisava acreditar.

John não era ameaçador, nem precisava erguer seu tom de voz. Seu poder era muito mais humilhante.

Muito parecido com Curtis, de Los Angeles, ele era um mestre na arte de fingir empatia. Mas Curtis tentava dar golpes mais abrangentes e facilmente detectáveis, que eu simplesmente escolhia ignorar. Curtis não era um traficante em tempo integral. Era um aspirante a empresário musical, vigarista e pau para toda obra; tinha outras fontes de renda. Ele podia se dar ao luxo de mostrar alguma humanidade. Ele vinha conversar comigo e me encorajava a ficar limpo. Ele sabia que eu estava me matando e me dizia isso. Mas, ao mesmo tempo, me vendia mais *crack* e mantinha a festa rolando.

John era mais como um miniaturista, um sujeito persuasivo, atento aos detalhes para manipular a condição humana. Cada gesto era proposital, carregado de sentido, não importa o quão insignificante pudesse parecer.

Ele era atencioso de maneiras pequenas e simbólicas que pareciam importantes neste cenário hipertransacional. Comprava um sanduíche e uma garrafa de suco de laranja em uma loja de conveniência para mim antes de me entregar as pedras de *crack*. "Você tem que comer, Hunter", ele insistia, jogando as coisas em cima da cama do meu quarto de hotel. "Você precisa se hidratar." Às vezes ele simplesmente aparecia para ver como eu estava, saber se eu precisava de alguma coisa, ter certeza de que estava me cuidando.

Esses pequenos atos de gentileza eram uma sedução, é claro, uma espécie de manipulação. Muitas vezes eram seguidos por sua insistência em ações triviais nos momentos mais estranhos. Eu ficava devendo US$ 5 em uma compra de US$ 200 e ele insistia para que eu fosse a um caixa eletrônico imediatamente para sacar o dinheiro, isso logo depois dele ter comprado suco de laranja e um sanduíche de presunto para mim. Ou ele me dizia que havia me entregado mais produtos do que deveria no dia anterior, e que agora eu devia a ele US$ 100. Ou ele não atendia o telefone por oito horas consecutivas, logo depois de ter ido me ver e dizer que podia ligar para ele a qualquer hora. Quando minha frustração chegava ao limite, ele me ligava de volta, dizia que estava a caminho e me trazia uma garrafa térmica com uma sopa que sua esposa havia preparado.

Eram técnicas básicas dos traficantes de drogas, como vemos na TV. Mas eu não podia descartá-lo. Ele era uma conexão legítima e confiável, que me permitia evitar todos os outros idiotas por aí que tinham os mesmos defeitos sem oferecer nenhuma de suas vantagens.

Ele foi um mestre na arte de me tornar dependente dele. Eu era forçado a acatar seu cronograma, seus caprichos. Depois de ter me fisgado, aumentou os preços e me fez passar por algumas situações difíceis. Uma vez fiquei esperando por ele em um estacionamento por uma hora, quando ele finalmente me ligou para dizer que já estava chegando. Ele chegou quatro horas depois.

Ele sabia que eu não iria embora. Cada movimento dele reforçava seu poder sobre mim. Era humilhante, esse era o ponto. Quanto mais ele conseguisse humilhar a mim ou a qualquer outro cliente, mais presos nós ficávamos. Ele tinha uma fonte constante de renda e eu uma fonte constante de *crack*, embora fosse exasperante. Isso criava uma tensão constante: ele era meu carcereiro e meu salvador, ambos ao mesmo tempo. Presumo que seja parecido com a síndrome de Estocolmo. Há uma quantidade enorme de abusos que você deve suportar por estar viciado, a maior parte deles propositais. O abuso perpetua o vício ao alimentar a sensação de incapacidade do adicto, o que aumenta o lucro do traficante.

Ainda assim, depois que ele aparecia com horas de atraso e me cobrava muito mais, eu dava um trago e o alívio doce e agradável tomava conta de mim.

Ninguém me fisgou com tanta força. Ninguém jogou o jogo de forma tão impiedosa.

Sentia-me preso no buraco mais profundo e vazio do meu vício até então. Sozinho em quartos escuros e mofados de hotéis baratos, incapaz de entrar em contato ou ser contatado por alguém, às vezes invocava a única âncora emocional que ainda possuía: a Ave-Maria.

Repetia a oração várias e várias vezes.

Fui criado em um universo católico e trabalhei para os jesuítas, mas a eficácia da oração para mim em tempos de angústia não está ligada a uma crença profundamente arraigada à Igreja. Pelo menos não diretamente. Embora seja uma oração que toda criança católica memorize na primeira série, aprendi a rezá-la muito antes disso. Era a oração que minha avó recitava para mim e Beau quando entrava em nosso quarto à noite para nos colocar para dormir. Ela deitava conosco e fazia carinho em nossas costas enquanto contava histórias sobre nossa mãe e como ela fora uma pessoa maravilhosa e incrível. Ao ver que nossas pálpebras estavam pesadas e prestes a fechar, recitava em voz alta três Ave-Marias e um Pai-Nosso.

Quando ela terminava e saía do nosso quarto, Beau, de sua cama, dizia: "Boa noite, parceiro. Vejo você de manhã", e eu tinha que responder "Ok". Se eu dissesse qualquer outra coisa, ou se apenas ficasse quieto – o que eu às vezes fazia, só para irritá-lo, como irmãos costumam fazer – Beau se levantava e me importunava até que eu dissesse. Para Beau, era um ritual obsessivo e supersticioso: contanto que ele dissesse: "Boa noite, parceiro", e eu respondesse: "Ok", ele acreditava que nada poderia nos impedir de acordar pela manhã.

Eu reencenei sozinho essa despedida noturna muitas noites dentro daqueles pequenos quartos tristes de hotel espalhados ao longo da I-95. Em meio ao barulho abafado dos caminhões transitando pela rodovia, das conversas fúteis e risadas de outros hospedes no estacionamento em frente à minha porta, eu dizia em voz alta, no escuro: "Boa noite, parceiro. Vejo você de manhã".

Ninguém respondia, é claro, o que só deixava a ausência do Beau mais perceptível. Às vezes, eu acordava em pânico porque o pesadelo com o qual meu irmão tanto se preocupava havia se tornado realidade: ninguém havia respondido "Ok" e agora Beau, de fato, e inegavelmente não estava mais lá.

Então, eu recitava a Ave-Maria, como um mantra, como um hino. Às vezes o fazia por horas. Não conseguia dormir e não conseguia parar de repetir. Se parasse, a dor da distância voltaria à tona.

Ave-Maria, cheia de graça,
O Senhor é convosco...

Um dia, do nada, após três ou quatro semanas nessa loucura, minha mãe ligou.

Ela disse que ia dar um jantar em família em sua casa, que eu deveria ir e ficar lá por alguns dias, em Delaware. Disse que seria ótimo, pois não ficávamos todos juntos há anos. Eu estava em péssimo estado, mas me pareceu uma boa ideia. Saí pelo estacionamento do hotel, disse adeus a tudo aquilo e fui para Wilmington.

Acho que cheguei em uma sexta-feira à noite. Entrei na casa, que como sempre estava alegre e aconchegante, e imediatamente vi minhas três filhas. Então percebi que algo estava errado: Naomi tinha vindo de Nova York, onde cursava a faculdade de Direito em Columbia, Finnegan tinha vindo da Filadélfia, onde estudava na Universidade da Pensilvânia, e Maisy, que estava no último ano do Ensino Médio, tinha vindo da casa de Kathleen, em Washington. Então vi minha mãe e meu pai sorrindo sem jeito, parecendo aflitos.

Logo em seguida avistei dois conselheiros de uma clínica de reabilitação da Pensilvânia, onde eu havia ficado internado uma vez. Era isso.

— Sem chance – eu disse.

Meu pai de repente se apavorou.

— Não sei mais o que fazer – ele gritou. — Estou com tanto medo. Me diga o que fazer.

Minha resposta direta:

— Isso nem fodendo.

Foi terrível.

Eu fui terrível.

A situação se transformou em um desastre agonizante e pesado. Recusei-me a falar com os conselheiros, recusei-me a conversar com meu pai. Todo mundo estava chorando, o que me deixou ainda mais irritado.

— Nunca mais arme uma emboscada para mim de novo – disse ao meu pai, e saí correndo de casa.

Ele foi atrás de mim na rua, me agarrou, me virou e me abraçou. Segurou-me com força no escuro e chorou por muito tempo. Agora todos estavam do lado de fora da casa. Quando tentei entrar no meu carro, uma das minhas filhas pegou as chaves e gritou: "Pai, você não pode ir!". Gritei de volta: "Você não sabe o que está fazendo!". Fui agressivo com minha mãe por ter me enganado. Ataquei não sei mais a quem. Foi uma experiência terrível e cruel para todos.

No final, acabei concordando em ir para uma clínica de reabilitação, mas não para a clínica de onde tinham vindo os conselheiros que estavam na casa do meu pai. Inventei alguma desculpa. Era um absurdo; eu sempre tinha um milhão de desculpas. Papai me suplicou: "Qualquer coisa, por favor!". Eu conseguia ser bastante prático em situações de forte pressão como essa. Eu finalmente disse que iria para outro centro próximo, em Maryland. Alguém ligou imediatamente para o local para tomar as devidas providências.

Hallie me pegou mais tarde naquela noite e dirigiu por 50 quilômetros até a clínica. Havíamos terminado, mas acho que ainda éramos amigos. Discutimos por todo o caminho, até que ficamos em silêncio. Quando chegamos à clínica, pedi para que ela me deixasse no portão da entrada. Passei pelas portas do saguão e, assim que a vi ir embora, chamei um Uber. Disse ao pessoal de lá que voltaria na manhã seguinte, entrei no carro e me hospedei em um hotel em Beltsville, Maryland, perto do Aeroporto Internacional de Baltimore/Washington.

Durante os dois dias seguintes, fiquei em um quarto fumando o *crack* que havia escondido na minha mala, enquanto todos que estavam na casa dos meus pais achavam que eu estava são e salvo na clínica.

Então embarquei em um avião para a Califórnia e fugi, fugi e fugi.

Até que conheci Melissa.

CAPÍTULO ONZE

SALVO

Quando meu avião pousou em Los Angeles, em março de 2019, eu não tinha nenhum plano além de suprir as necessidades incessantes do meu cachimbo de *crack*.

Eu estava comprometido com uma coisa: desaparecer para sempre. Esse era meu único objetivo. Não importa o quão mal eu estivesse, uma voz lá no fundo sempre me dizia para lutar e impedir aquela queda livre. Foi por isso que deixara meu tio Jimmy me arrastar de um quarto de hotel em West Hollywood meses antes e me levar a uma clínica de reabilitação. Acabou sendo uma tentativa muito malsucedida de ficar sóbrio, que durou três semanas, mas que mesmo assim me deixara com um vislumbre de esperança de sair do fundo poço. E foi por isso que fora até Massachussetts naquele inverno frio e cinzento e fizera algo tão drástico e audacioso quanto a terapia com ketamina, mesmo que a experiência tenha sido patética e fracassada.

Eu dava um passo para a frente e dez para trás – mas ainda assim estava dando alguns passos. Eu não queria me afundar na areia movediça do vício. Não queria que essas tentativas tivessem dado errado.

Apenas não fui capaz de fazê-las dar certo.

Eu ansiava por uma conexão com alguém de fora da bolha sufocante do vício, alguém que eu não conhecesse e que não conhecesse meu passado, alguém para quem não precisasse dar explicações nem desculpas. Queria conversar com uma pessoa que não fosse traficante, gângster, aproveitador ou *stripper*. Três anos antes, embora estivesse desejando como louco aquelas minigarrafas de vodca do hotel em Amã, ainda podia sentar-me em frente ao rei da Jordânia e discutir a situação dos refugiados sírios, a dinâmica do Oriente Médio e as obrigações existenciais relacionadas ao fato de ser filho de um grande homem. Na época, pensei que talvez estivesse no ponto crítico do meu vício, achava que havia chegado ao fundo do poço.

Ainda queria voltar a pintar, ainda achava que meu diário pudesse um dia virar um livro, ainda sonhava em abraçar minhas filhas com força todos os dias. Se eu pudesse encontrar algum tratamento novo, algum novo método, uma maneira de me salvar [...]. Achava que ainda estava em tempo de sair daquele buraco.

Era o que eu dizia a mim mesmo após cada fracasso durante os quase quatro anos de vício ativo que antecederam essa viagem à Califórnia, que incluíam meia dúzia de tentativas de reabilitação. Por pior que tudo pudesse ter ficado, eu acreditava naquilo em que o Beau acreditava: bom ou ruim, tudo faz parte do processo.

Saindo do avião no aeroporto de Los Angeles, ficou claro para mim que todas as opções nas quais me agarrei no passado agora eram ilusões. Decidi de forma consciente parar de fingir que iria melhorar. Mergulhei de cabeça no vazio.

É difícil descrever o quão paralisado e desesperançado você pode ficar por causa do seu vício, como pode chegar a uma profundidade que nunca pensou ser possível e, em seguida, ir ainda mais fundo – nesse caso, inacreditavelmente mais fundo. Esse período parecia ainda mais perigoso e mais fatalmente sedutor do que qualquer outro momento. Rendi-me completamente aos meus impulsos mais sombrios. Era como se estivesse escolhendo um revólver em uma loja de penhores, totalmente ciente de que estava escolhendo que tipo de morte teria.

Desaparecer era a única coisa que me dava certo alívio. Parecia que assim a dor diminuía. Significava que eu não precisava pensar no quanto estava decepcionando meu irmão, embora soubesse que Beau nunca pensaria desse jeito. Parei de escrever cartas para ele, sentia que não havia mais nada de autêntico para lhe dizer. Desaparecer significava ficar livre do sentimento. Pensar que há algo pelo que viver obriga você a reunir coragem e energia para lutar.

Eu não queria lutar.

Finalmente encerrei o diálogo que mantinha dentro da minha cabeça sobre como ficar limpo e reconstruir minha vida. Foi muito fácil: eu simplesmente o afoguei com mais e mais drogas. Agora não pensava mais (como costumava fazer em algum momento no meio das minhas farras) "vou fazer isso até..."; eu não dizia mais "até". Eu não terminava mais a frase. Desisti de tudo. Parei de tentar enganar os outros, fazendo com que pensassem que eu estava bem. Parei de tentar enganar a mim mesmo.

Estava farto de precisar encontrar o caminho de volta para o mundo que conheci por toda a minha vida. Cansado de tentar descobrir como voltar para um escritório de advocacia. Farto da política, de ter que sair em campanha eleitoral com o papai, caso fosse necessário, como havia feito em todas as outras campanhas. Parei de inventar desculpas e tentar explicar por que morava onde morava e por que fazia o que fazia.

Eu era um viciado em *crack* e ponto.

Que se foda.

O primeiro telefonema que fiz quando sai do avião foi para um traficante de drogas.

Peguei um Uber até o meu carro, que guardara na garagem de alguém que administrava um lugar onde eu havia ficado (detalhe: esse tal amigo de Los Angeles tentou vender o carro). De lá fui direto comprar *crack*.

O mês e meio seguinte é como um borrão confuso de abuso de drogas. Não estou falando de uma fuga da realidade ou um lapso de memória. Tudo o que se seguiu depois do meu retorno a Los Angeles foi um borrão genuíno, como definido no dicionário, de total e absoluta devassidão. Eu não fazia nada além de beber e me drogar.

Passei as primeiras semanas em um Airbnb em Malibu. Foi nessa época que Rudy Giuliani começou seus ataques *ad hominem* contra mim, em antecipação à candidatura de meu pai à presidência. Eles se concentraram em meu trabalho na Burisma, com relatos duvidosos coletados em suas "entrevistas" – isto é, almoços e jantares regados a álcool – com os ex-promotores ucranianos Viktor Shokin e Yuri Lutsenko, ambos acusados de corrupção.

As acusações surgiram do nada, sem aviso. Ninguém havia me ligado para dizer: "Prepare-se para isso, Hunter". A primeira vez que tomei conhecimento do fato foi pelo aplicativo de notícias da Apple, no meu iPhone.

Eu não sabia o que fazer. Assisti a um vídeo no qual Giuliani parecia estar completamente perturbado. Ele parecia estar bêbado, mas quase que intencionalmente, como se fosse parte da coreografia projetada para incitar os admiradores de seu chefe. Suas acusações e insinuações eram tão estranhas, tão fora de qualquer realidade, que me ocorreu que ele estava prejudicando a si mesmo com aquilo. Não conseguia ver como isso poderia se tornar um problema, mesmo depois que Trump começou a insistir no mesmo assunto.

Breitbart e o resto da ala de direita rapidamente entraram no barco e começaram seus habituais ataques distorcidos. Eles me criticaram não apenas por minha conexão com a Burisma, mas também por meu trabalho como lobista e meu primeiro emprego após o término da faculdade de Direito, em Delaware. Eles questionaram minha rápida evolução no programa de gestão executiva do MBNA, deixando de mencionar que eu havia me graduado em Direito pela Universidade de Yale, o que me garantia boas oportunidades.

Esses ataques levaram os veículos tradicionais de notícias a publicar histórias que combatiam as distorções com reportagens com fatos reais. Ainda assim, em nome do jornalismo objetivo, cada história trazia os ataques disparados contra mim. As notícias se tornaram um ciclo previsível em um ecossistema de mídia que consegue espalhar falsidades ao mesmo tempo que as desmascara. Trump e Giuliani manipulam muito bem esse sistema, como cientistas loucos.

Tudo isso fez que eu me afundasse ainda mais no meu buraco, me deu ainda mais certeza de que não havia um caminho de volta. Parei de responder aos telefonemas constantes do papai e das minhas filhas, atendendo apenas algumas vezes para que eles soubessem que eu estava vivo e procurando ajuda, que era uma justificativa para cair no esquecimento.

Foi nessa época que Adam Entous, um escritor vencedor do Prêmio Pulitzer da revista *New Yorker*, me enviou por *e-mail* um pedido de entrevista para uma história que estava escrevendo sobre a Burisma e como meu trabalho lá tinha relação com as ações anticorrupção do meu pai na Ucrânia. Ele disse que simplesmente queria chegar ao fundo das acusações.

Eu era obcecado pela revista quando jovem e tinha outras aspirações. Devorava cada edição – poesia, ficção, tudo. Achava que o auge de um escritor era ser publicado na *New Yorker*, na *Paris Review* ou na revista *Poetry*. Não era uma questão de ser esnobe, mas de respeito. Foi por essa razão que liguei de volta para o Adam, embora não o conhecesse pessoalmente. Logo começamos a conversar por telefone quase todas as noites, o que perdurou pelas semanas seguintes.

O que começou com conversas sobre meus negócios logo se transformou em declarações detalhadas sobre a minha vida pessoal. Do ponto de vista do Adam, tratava-se de uma tentativa de entender meu papel em uma empresa de energia ucraniana. Para mim, era uma oportunidade não apenas de contar o meu lado dessa história, mas de gritar para o mundo: "Eu estou aqui!" como uma resposta enfática para a pergunta: "Onde está o Hunter?". Decidi que não esconderia mais quem eu era. Você quer saber sobre minha vida? Aqui estão os detalhes sórdidos.

Que se foda.

Então eu falei. E falei. Todas as noites, onde quer que eu estivesse hospedado, apoiava meu celular em uma escrivaninha, na mesa à minha frente ou posicionava-o no meu peito deitado em uma cama de hotel. Ligava o viva voz e respondia a qualquer pergunta que Adam me fizesse do escritório dele, em sua casa em Washington. Ele costumava me ligar depois que colocava seus filhos para dormir.

Não disse a ele que estava fumando *crack* naquela época. Pouco depois do início das sessões de entrevista, os ataques de Giuliani diminuíram um pouco e me mudei para o Petit Ermitage, um hotel boutique discreto coberto de hera escondido em um quarteirão silencioso entre as estridentes Sunset e Santa Monica Boulevards, em West Hollywood. Passei por ali um dia a caminho de outro lugar e fui atraído por seu encanto misterioso, meio oculto. Decidi me hospedar lá.

Não disse nada sobre a reportagem da *New Yorker* ao meu pai ou para a coordenação de sua campanha. Não queria a opinião da equipe de comunicação. Faltavam algumas poucas semanas para o anúncio público, em um vídeo de lançamento na manhã de 25 de abril, da candidatura de Joe Biden para a presidência em 2020 – entrando na batalha, como disse meu pai, pela "alma da nação". Eu sabia muito bem como eles reagiriam à reportagem, que seria publicada no início de julho, logo após o primeiro debate das primárias: eles enlouqueceriam e fariam de tudo para que não fosse publicada.

Eu sabia o que a história de fato faria: imunizaria todas as outras pessoas contra as minhas falhas. Eu queria fazer isso para não haver nada para ser dito contra meu pai. A imprensa da direita não chegaria no meio da campanha dele dizendo: "Estamos prestes a publicar uma história sobre Hunter ser viciado em *crack*". Deixando todos enlouquecidos tentando descobrir o que fazer com isso.

Eu estava tirando esse problema de cena. Além disso, ninguém votaria ou deixaria de votar no meu pai porque o filho dele era um viciado em *crack*. Mas que inferno, até mesmo o Trump sabia disso.

Eu sabia exatamente o que estava fazendo. Sabia que nossa família seria atacada e nossas vidas virariam de cabeça para baixo, independentemente de qualquer coisa. Se não fosse comigo, nossos inimigos políticos atacariam outra pessoa da família. A única coisa que meu pai tinha que considerar ao decidir se concorreria ou não à presidência era a mesma que considerara em 2016. Valia a pena?

Ele sabia que todos em nossa família acreditavam que valia a pena. Ninguém disse a ele "Joe, por favor, não faça isso; eles vão me matar". Essa possibilidade não está em nosso vocabulário, não é como avaliamos qualquer cenário político. Ele sabia que eu estava no meio de uma crise pessoal. No entanto, a confiança que meu pai tem em mim ficou evidenciada pelo fato dele ter concorrido.

O que eu não sabia quando concordei em contar minha história para o *New Yorker*, pelo menos no início, era como a experiência seria catártica. As conversas tornaram-se como sessões noturnas de terapia. Conversei com Adam sobre Beau e papai e o quanto eles significavam para mim, sobre minhas escolhas pessoais e profissionais, sobre meu alcoolismo e sobre meu vício em drogas. Eu abri tudo isso com uma honestidade que nunca havia tido com ninguém, exceto com um terapeuta, um companheiro adicto em recuperação ou minha família. Disse a ele a verdade sobre como chegara até ali.

Inconscientemente, o processo me manteve conectado às minhas únicas fontes constantes de amor desde o dia em que nasci:

meu irmão e meu pai. Eu não percebi na época, mas explicar essas relações foi a única coisa que manteve meus olhos abertos o bastante para reconhecer a salvação quando ela finalmente chegou. Acredito que não seria capaz de ver Melissa e o que ela significaria para mim se eu não tivesse explorado meus relacionamentos mais significativos durante essas entrevistas. Foi um pequeno milagre.

As outras vinte e duas horas do meu dia, no entanto, eram desperdiçadas fazendo todas as coisas miseráveis que eu podia para enterrar tudo em um dilúvio de *crack* e álcool. Por mais pessoal que fosse, a única coisa que deixava o fato de dar as entrevistas para a *New Yorker* relativamente fácil era que eu pensava que estava fazendo isso pela última vez. Eu não estava abrindo um caminho para minha reentrada no cenário político e dos negócios. Acreditava que a história iria acelerar meu desaparecimento – que depois de me expor e mostrar quem eu realmente era, sem constrangimentos ou arrependimentos, não seria mais bem-vindo de volta ao mundo que abandonara. Era minha oportunidade de dizer a todos: "Este é quem eu sou, seus filhos da puta, e eu não vou mudar!".

Eu continuei de onde parei a minha última farra em Los Angeles, exceto pelo fato de que agora eu estava muito menos preocupado em como eu interagia com o mundo "normal". A essa altura, o mundo estava confinado à administração do hotel e aos funcionários do Petit Ermitage. O desfile habitual de traficantes e suas companheiras era constante no meu quarto a qualquer hora, sem nenhuma preocupação com um mínimo de prudência. Nós nos destacávamos, mesmo em Los Angeles, onde todos querem chamar a atenção. Recebia visitas às 4 da manhã de convidados que pareciam ter acabado de sair de um filme do Quentin Tarantino. Às vezes escondia minha parafernália para uso drogas quando uma camareira aparecia, às vezes não. Meus pertences estavam espalhados por toda parte, com cachimbos, saquinhos com drogas e bicarbonato de sódio, que usava para cozinhar meu próprio *crack*.

Meu quarto de US$ 300 por noite parecia um muquifo onde alguém havia detonado uma bomba.

Como sempre fazia, aluguei o quarto por um dia, sem pretensão ou incapaz de planejar qualquer coisa com antecedência. Ligava para a recepção todas as manhãs para pedir prorrogação da estadia por mais uma noite. A rotina foi interrompida cerca de duas semanas após minha chegada, quando Curtis foi à piscina da cobertura uma noite para tomar um drinque. Ele ficou chapado e quase acabou brigando com um bêbado arrogante que estava agindo como um imbecil – o cara havia furado a fila do banheiro unissex do hotel.

Mais tarde naquela noite, quando Curtis e eu entramos no elevador do hotel para deixar a área da piscina no quarto andar, o idiota com quem ele quase havia brigado também entrou no elevador. Curtis praticamente abriu um buraco no cara com seu olhar ameaçador – que, acredite em mim, é bem ameaçador. Saímos do elevador sem que houvesse ocorrido qualquer incidente, mas o sujeito disse mais tarde à segurança que Curtis o havia o ameaçado durante o trajeto de volta da piscina com uma arma.

O gerente do hotel ligou para meu quarto na manhã seguinte. Disse que alguém havia relatado à segurança que meu convidado o havia ameaçado de morte. Expliquei que a coisa toda estava fora de proporção e já havia sido resolvida. Mais tarde, quando fiz minha habitual ligação para a recepção para estender minha estadia por mais uma noite, disseram-me que meu quarto havia sido reservado com antecedência para a semana seguinte e que não havia outro local disponível.

Estava acostumado com isso, acontecia o tempo todo. Eu era o cara na piscina que se levantava a cada 10 minutos para ir ao banheiro e fumar *crack*. Eu era o cara que se sentava sozinho no bar e acumulava uma conta de US$ 400 sem pagar uma bebida para mais ninguém. Os funcionários deveriam estar pensando: como esse cara ainda está de pé?

Por mais que eu achasse que estava no controle da situação, não estava enganando ninguém. Depois de quatro ou cinco dias de estadia, ligava para a recepção para renovar a reserva e era informado de que não havia mais quartos disponíveis. Todos eram educados. Sempre foram muito educados. Ninguém nunca me expulsou formalmente – embora o Chateau tenha me colocado na sua lista de excluídos, a infame relação não oficial de bagunceiros que incluí nomes como Britney Spears. E isso lhe dá uma ideia de como eu estava completamente descontrolado.

O Petit Ermitage me pediu para desocupar o quarto às 11 horas da manhã.

Não havia como arrumar minhas coisas tão rápido, e eu não tinha ideia para onde ir. Perdi o prazo da manhã e o estendi para 13 horas, depois para as 15 horas. Nesse meio-tempo, me acomodei em uma espreguiçadeira à sombra da piscina da cobertura e tentei decidir qual seria meu próximo passo. Esgueirava-me a cada 20 minutos para aceder o cachimbo de *crack* no meu quarto, no mesmo andar, no final do corredor. Finalmente chamei um carregador para me ajudar a recolher meus pertences e segurá-los para mim no saguão.

A certa altura, um cara jovem, elegante e com pinta de artista que estava em uma espreguiçadeira ao lado da minha puxou conversa. Ele tinha feito a mesma coisa no dia anterior, embora eu tivesse deixado claro que não queria falar com ninguém. Aquele lugar deixava os hospedes bem próximos uns dos outros, muito ao estilo de Los Angeles. Não queria participar de nada daquilo. Eu não fazia novos amigos há três anos, a menos que estivessem envolvidos com drogas.

Mas lá estava ele de novo, tagarelando. Desta vez acompanhado de uma loira alta, muito parecida com a Daryl Hannah, e um amigo fotógrafo. Ele obviamente tinha bebido demais. "Aqui está a pessoa mais interessante da piscina", ele me cumprimentou ao se sentar. "Qual é a sua história?". Ele então começou a me contar a dele. Tudo sobre sua promissora carreira como pintor e escultor. Eu acenava com a cabeça de vez em quando, e provavelmente já tinha bebido um quarto de uma garrafa de vodca naquele dia, fumado *crack* e estava vivendo com dez horas de sono por semana.

Eu não sei por quanto tempo ele falou. A única coisa que me lembro é que, de repente, um deles se virou para o outro e disse: "Você sabe quem o Hunter deveria conhecer? Ele deveria conhecer sua amiga Melissa".

Eles concordaram imediatamente e insistiram para que eu anotasse o telefone da Melissa. Eu não anotei. Disse-lhes que tinha o dom de memorizar números telefônicos. Alguns amigos deles chegaram logo depois e eles me deixaram em paz. Continuei procurando no meu telefone outro lugar para passar a noite. Quando finalmente me levantei para sair, a sósia da Daryl Hannah se virou para mim e me pediu para repetir o número da Melissa. Nesse ponto, eu mal conseguia lembrar meu próprio nome. Ela sorriu enquanto tirava uma caneta da bolsa e escreveu o contato de Melissa na minha mão.

Mais ou menos uma hora depois, fiz o *check-in* no Sunset Marquis, a 800 metros de distância, e voltei a beber e me drogar. Alguma hora depois da meia-noite, vi o número anotado na palma da minha mão e mandei uma mensagem para uma pessoa chamada Melissa para ver se ela queria tomar um drinque. Tenho certeza de que não havia nada de bom passando na minha cabeça. A resposta de Melissa foi rápida, educada e direta: "Não, obrigada. Estou dormindo".

Entrei no chuveiro e limpei o número da minha mão. Meu cérebro de *crack* com certeza não o memorizou. Eu me enxuguei e peguei o cachimbo.

Se essa fosse uma história fictícia – de um filme que segue um roteiro até seu desfecho mais plausível e trágico, meu futuro terminaria ali.

Teria perdido o número de telefone de Melissa e me afundado de uma vez por todas.

Mas Melissa me mandou uma mensagem pela manhã. Perguntou se eu queria encontrá-la para tomarmos um café. Seus amigos a encorajaram a fazer isso. Respondi que poderia encontrá-la às 11 horas no restaurante do Sunset Marquis. Fiquei esperando em uma mesa até que ela enviou uma mensagem dizendo que estava atrasada e se poderíamos nos encontrar à 1 hora da tarde. Um pouco depois, ela perguntou se poderia ser às 4.

Surpreendentemente, eu ainda não estava totalmente chapado; por razões que ainda não consigo compreender, quase não fumei ou bebi naquele dia, ao contrário de todos os outros dias desde que havia voltado para Los Angeles. Talvez porque não havia compartilhado meu novo paradeiro com meu bando de vampiros aproveitadores. Então, meu único contato humano naquele dia foi com um civil de verdade: Melissa. No entanto, quando deu 5 horas da tarde, presumi que ela iria me dispensar de novo, mas ela mandou uma mensagem pedindo desculpas por cancelar tantas vezes, e depois prometeu que estaria lá para jantar, às 17h15.

Fui para a sala de jantar, sem saber mais por que estava fazendo aquilo, apenas sentia que havia me metido nessa confusão e iria deixar as coisas seguirem seu curso catastrófico. Esse tinha sido meu *modus operandi* por grande parte dos últimos quatro anos da minha vida. Ainda assim, eu tinha tomado banho e vestido uma calça e uma jaqueta *jeans* – o que Beau e eu costumávamos chamar de *smoking* canadense. Era meu primeiro encontro de verdade em 26 anos. Meu relacionamento com Hallie fazia parte de a uma categoria totalmente diferente, e as outras mulheres com quem estivera desde o meu divórcio não eram do tipo que costumo namorar. Satisfazíamos nossas necessidades imediatas e nada mais. Não me orgulhoso disso. Foi por isso que mais tarde contestei no tribunal uma mulher do Arkansas que teve um bebê em 2018 que alegava ser meu – não me lembrava do nosso encontro. Isso mostra quão superficiais eram minhas relações. Eu estava um lixo, mas assumia a responsabilidade.

Não que eu tivesse certeza de que aquele café que virou almoço e depois jantar com Melissa daria em algum lugar. Mas não queria um relacionamento, certamente não queria um compromisso. Só queria ir embora.

Quando passei pela área de espera ao ar livre do restaurante, uma espécie de jardim luxuoso secreto, avistei uma mulher sentada sozinha em uma mesa. Iluminada pelo brilho da luz diáfana da primavera de Los Angeles, com óculos de sol que cobriam seu rosto, fixados sobre seu cabelo loiro mel, que mais tarde revelariam os maiores e mais azuis olhos que já vi, a mulher que imaginei ser Melissa olhou na minha direção e abriu um sorriso fácil e brilhante. Isso me surpreendeu. Tive a sensação de que era uma pessoa cordial e sem malícia. Uma carga percorreu meu corpo. Foi a primeira euforia genuína, não decorrente do *crack*, que senti em muito tempo. Foi eletrizante.

Foi como se pudesse ouvir sinos badalando.

Minhas botas estalaram sob meus pés, continuei até a entrada da frente do restaurante e andei até mesa onde ela estava. Minúsculas luzes brancas estavam amarradas entre as árvores que circundavam uma parede do terraço. Nós dois sorrimos quando me sentei.

Eu falei primeiro.

— Você tem exatamente os mesmos olhos do meu irmão.

Então, não muito depois, sem ter ideia do que iria dizer a seguir, uma frase saltou da minha boca:

— Sei que provavelmente não é uma boa maneira de começar um primeiro encontro, mas estou apaixonado por você.

Melissa riu. Mais uma vez foi elétrico. Quando o garçom veio anotar o pedido de bebida, disse a ele que Melissa provavelmente precisava de algo forte "porque acabei de dizer a ela que estou apaixonado". Nós três rimos juntos.

Uma hora depois, Melissa disse que estava apaixonada por mim.

Uma hora depois, disse a ela que era viciado em *crack*.

— Bem – ela respondeu sem piscar nem hesitar –, não mais. Você vai parar com isso a partir de hoje.

Minha reação:

— OK.

Eu não tinha ideia do que quis dizer com aquilo. O vício chega a tal ponto – ponto que com certeza havia chegado – em que você acredita que é impossível ter algum dia um relacionamento saudável e duradouro novamente. Você acumulou muitas coisas ruins. Quando diz a uma pessoa quem você realmente é – no meu caso, um viciado em *crack* – você a assusta demais. A pessoa corretamente pensa em proteger seu coração, sua sanidade, mesmo que enxerguem você de outra forma. Comigo, ela seria jogada em um divórcio complicado, um relacionamento público e os ataques diários feitos contra mim pela Casa Branca. Pesquisar meu nome no Google seria o suficiente para qualquer um fugir.

Mas, em menos de um segundo, percebi que havia terminado o que vim fazer na Califórnia. Passei da ideia de desistir completamente da vida e de tentar ficar limpo para acreditar que o que quer que me impedisse de fazer essas duas coisas havia passado. Aqui estava uma mulher magnífica e bonita sentada à minha frente, vestida casualmente com uma blusa azul clara e *jeans*, falando no mais nobre sotaque sul-africano, que era tão destemida que não fugira para as colinas quando disse que estava apaixonado por ela e que era viciado em *crack*. Era o que queria, apostaria tudo nela.

Percebo o quão louco isso pode soar. Mas eu estava 100% certo do que queria. Não senti frio na barriga, apenas a certeza de que essa poderia ser minha última chance. Para mim, ter a confiança de expressar que queria passar o resto da minha vida com alguém, além de confessar meu vício, foi minha maneira de dizer: "Você vai ter que me ajudar com isso". Não me surpreendeu ver que Melissa não hesitou. Vi algo em seus olhos no momento em que olhei para eles: que tudo ficaria bem.

Usuário de *crack*, alcóolatra, manchete de tabloides, saco de pancadas político – tudo se tornou uma parte de quem eu era. Parecia impossível encontrar alguém disposto a relevar tudo isso.

No entanto, Melissa não titubeou. Ela não ficou chocada nem sentiu repulsa. Falei sobre meu vício e meu alcoolismo. Contei a ela sobre meu divórcio e a Hallie. Falei sobre meu irmão, minha mãe, minha irmãzinha e meu luto. Expus minha dor – chamada no A.A. de "um vazio que só de ser preenchido por Deus". Contei a versão nua e crua dos últimos quatro anos da minha vida.

Melissa absorveu tudo. Ela não tinha preconceitos com relação ao vício, tinha muitos amigos e conhecidos que também haviam lutado contra o vício, e estava empenhada em ficar ao meu lado nessa batalha. Ela via o vício como algo que a alma tinha que superar antes que a pessoa pudesse atingir seu próximo grande objetivo. Contratempos não eram o fim do mundo. Ela entendeu meu processo de luto e aceitação em relação à morte do Beau como um karma. Senti-me seguro ao lado dela.

Melissa então revelou sua história. Ela era uma ativista de 32 anos, proficiente em cinco idiomas, que iam do italiano ao hebraico, e uma aspirante a cineasta de documentários que havia filmado e vivido em tribos indígenas africanas. Ainda criança, fora mandada para um orfanato, onde ficou por um ano até ser adotada por uma família sul-africana de Joanesburgo com três irmãos. Ela viera aos Estados Unidos durante um ano sabático para visitar uns amigos em Los Angeles depois de finalizar seus estudos na Universidade de Joanesburgo. Melissa tinha a intenção ir para a Índia, mas ficou aqui após se apaixonar e casar. Não durara muito. Um relacionamento de dois anos que havia terminado a apenas algumas semanas.

Na verdade, Melissa me disse que havia cancelado comigo tantas vezes naquele dia porque tinha acabado de voltar de uma visita a um de seus irmãos, que agora morava em Atlanta. Ele a consolara, conversaram sobre o fim do relacionamento, ela sabia que deveria ter terminado muito antes. Mais tarde, descobri que naquela noite ela me contou coisas que nunca havia falado para ninguém.

Quase não notávamos o garçom quando ele passava. Acho que ficamos comendo e bebendo por duas horas enquanto discutíamos o tipo de vida que cada um de nós queria ter. Em pouco tempo, pensamos sobre o tipo de vida que poderíamos ter juntos. Ambos concordamos que queríamos ficar na Califórnia. Quando contei a ela sobre minhas três filhas, ela disse que adoraria ter filhos um dia. Logo depois, conversamos sobre a possibilidade de ser algo que poderíamos fazer juntos.

Ficamos ali por mais de três horas. Foi intenso, verdadeiro e fascinante. Mais tarde, Melissa disse que a sensação era de ter encontrado um amigo de infância que não via há anos e que finalmente haviam se reencontrado. Eu me senti completamente à vontade, aberto, hipnotizado.

No momento em que saímos, as luzes amarradas ao redor da árvore ao nosso lado cintilavam ao anoitecer. A cena havia se tornado mágica. Levei Melissa para se encontrar com um amigo no Chateau Marmont – graças a Deus, tudo o que recebi foi um sorriso malicioso e um aceno de cabeça de um dos manobristas – e de lá fomos para uma festa de aniversário de outra amiga em um restaurante mexicano. Todos estavam reunidos em torno de uma grande mesa. Em meio a todos os rostos desconhecidos, senti um clima familiar. Fiquei tão absorto durante o jantar que não dei um trago no cachimbo. Foi o período mais longo que fiquei sem usar desde que havia voltado para Los Angeles. Antes de me sentar à mesa, disse para Melissa que ia sair para comprar um presente de aniversário e garanti a ela que voltaria logo.

Dirigi até o hotel e subi para o meu quarto. Antes de achar meu cachimbo, sentei-me em uma cadeira perto da janela, respirei fundo e fechei os olhos por um instante para absorver tudo o que acontecera naquela noite. Quando os abri novamente, eram 7h15 da manhã.

Entrei em pânico. Pensei que tinha estragado minha única chance de salvação. Procurei meu telefone e vi uma mensagem de texto que a Melissa havia enviado algum tempo depois que saíra do restaurante.

— Está tudo bem?

Respondi imediatamente me desculpando. Disse a ela que havia voltado para o meu quarto exausto e acabara pegando no sono. Garanti que estava tudo bem.

Quinze longos minutos depois, Melissa respondeu:

— Que bom que você está bem. O que você vai fazer hoje?

— Ficar com você? – digitei, cheio de esperança.

Melissa perguntou se eu queria ir ao apartamento dela e de lá iríamos tomar café da manhã. Corri e me desculpei cinquenta vezes por ter sumido na noite anterior. Ela disse que não havia problema. Nós nos sentamos por um minuto no sofá dentro de seu modesto quarto em um prédio com paredes de estuque cor-de-rosa na mesma rua do Petit Ermitage, cuja piscina esverdeada da cobertura era visível do corredor logo em frente ao apartamento dela. Deitei minha cabeça no colo dela e dormi até de noite. Quando abri os olhos e vi que ela ainda estava lá, lembro-me de dizer a ela aliviado, com absoluta certeza e sem exageros: "Essa é a primeira vez que durmo bem em três anos".

Daquele dia em diante Melissa cuidou de mim.

Ela me trouxe de volta à vida.

A primeira coisa que ela fez foi pegar meu telefone, meu computador, as chaves do meu carro. Ela pegou minha carteira. Excluiu todos os contatos do meu celular, exceto minha mãe, meu pai e meus tios e tias – todos os contatos que não tivessem a palavra Biden no nome. Gângsteres, aproveitadores, acompanhantes

– tudo excluído. Se você não fosse sangue do meu sangue, seria deletado. Quando reclamei que ela havia apagado o contato de amigos de longa data, Melissa respondeu calmamente que eles achariam um jeito de falar comigo se fossem amigos de verdade. Ela trocou a senha do meu *laptop* e não me disse qual era, teria que avisá-la quando quisesse usá-lo.

Ela jogou fora todo o meu *crack*. Eu não podia ir ao banheiro sem que ela me seguisse, certa de que eu tinha escondido algo lá. E eu tinha. Acordava no meio da noite e ela me seguia até a sala. Dizia que estava bem, que simplesmente não conseguia dormir, esperando que ela voltasse para a cama. Eu só queria um minuto para vasculhar minhas malas e tentar achar qualquer resto de droga que pudesse. Não passou pela minha cabeça que ela já tinha mexido em todas as minhas coisas e jogado fora qualquer coisa que pudesse ser droga, de Advil a meu Lexapro ainda na caixa.

Os abutres não esperaram muito tempo para ligar e bater à minha porta. A vaca leiteira deles havia sumido e eles a queriam de volta. Disseram que eu devia dinheiro e tentaram intimidar a Melissa. Ela se transformou em uma fortaleza, foi impiedosa. Examinou meus extratos bancários e verificou as cobranças, como uma de US$ 15 mil em compras na Best Buy do Valley, próximo à casa de um traficante. Ela então disse aos meus ex-companheiros de libertinagem, de maneira direta, que se eles aparecessem na minha porta ou tentassem entrar em contato comigo novamente, ela chamaria a polícia e transformaria a vida deles num inferno. A bela sul-africana com lindos olhos azuis deixou tudo claro e límpido. Ela mudou meu número de telefone e em poucas semanas achou uma casa para nós em Hollywood Hills. Ela afastou todas pessoas ligadas às drogas.

Melissa resolvia tudo. Não é fácil tentar monitorar e gerenciar um adicto. É muito trabalhoso. É árduo e aterrorizante. Ninguém quer ser o carcereiro de ninguém, e Melissa me prendeu tanto quanto sentiu que precisava para que eu melhorasse. Ela teve que aturar minhas lamentações, meus choros e minhas birras. Tentei negociar um acordo para um processo lento de desmame do *crack*. Ela disse não, de jeito nenhum, embora tenha sido menos radical com a bebida, permitindo três drinques por dia no início, depois um drinque, depois nada. Ela providenciou para que um médico fosse ao apartamento e administrasse uma intravenosa para remediar quaisquer deficiências nutricionais causadas pela abstinência do álcool.

Quando tentava me esgueirar, ela me pegava. Tentei convencê-la de que não era justo me fazer parar de usar *crack* tão de repente – que, na verdade, poderia ser perigoso.

Ela falou que isso não passava de uma grande mentira.

Não tentei escapar, não me ressenti por ela estar me controlando daquele jeito. Sabia que ela estava salvando minha vida. Tinha certeza de que se eu ficasse com minhas chaves, carteira e telefone por duas horas enquanto ela fazia compras no mercado, teria uma recaída. A gratidão que senti só aprofundou a conexão que já era mais profunda do que qualquer coisa que eu podia imaginar. Tenho certeza de que não havia ninguém na minha vida capaz de fazer o que Melissa estava fazendo – não por falta de esforço ou amor. Mas naquele momento, eu exigia o impossível: um corpo estranho com uma alma familiar.

Melissa era assim.

Quando percebi que não havia mais nenhuma das substâncias que contrabandeara para o apartamento dela, que levara de maneira consciente ou acidentalmente quando me mudei – que não havia mais nada escondido entre os livros nas prateleiras ou enfiado em um skate encostado na parede – então finalmente dormi, por três dias seguidos.

No quarto dia, abri meus olhos e pedi Melissa em casamento. Não foi tão direto assim. Eu expressei isso em uma conversa sobre nosso futuro, soltei como um balão de ensaio, leve e alegre: "Devíamos nos casar!". No dia seguinte, dirigimos até o Shamrock

Social Club, um estúdio de tatuagem descolado na rua Sunset, em frente ao Roxy. Um artista tatuou *Shalom* na parte interna do meu braço esquerdo em letras hebraicas, exatamente como Melissa tem no braço dela. Foi uma espécie de tatuagem de noivado.

No dia seguinte, estava seguro da decisão que havia tomado. Estávamos conversando na cozinha quando, de repente, me ajoelhei e falei: "Quer se casar comigo?". Melissa sorriu, me beijou e pisou levemente no freio. "Sim, mas vamos esperar a hora certa." Pedi a ela que me avisasse quando hora certa chegasse. Na manhã seguinte, quando acordamos, sete dias depois de termos nos conhecido, ela disse baixinho: "Quer saber? Sim, vamos nos casar".

Eu fiquei em êxtase. Tinha 49 anos de idade, estava sóbrio há pouco tempo e conseguia ver o mundo novamente. Eu queria uma segunda chance.

Para nos casarmos tão rapidamente, imaginei que teríamos que ir para Nevada, a apenas algumas horas de distância. Mas depois de pesquisar no Google, descobri que poderíamos nos casar naquele mesmo dia na Califórnia. Corri para comprar um par de alianças simples, mas de ouro.

Enquanto isso, procurei por um estabelecimento local que realizasse o casamento. Fiel ao seu nome, a Instant Marriage Los Angeles fornecia serviços de casamento instantâneos. Um local licenciado, oficial, com padre de plantão caso você optasse por usar a capela deles (com capacidade para vinte convidados). Liguei e perguntei à mulher que atendeu se ela poderia mandar alguém para o apartamento da Melissa naquela noite. Já era final de tarde e a proprietária, uma imigrante russa chamada Maria Kharlash, disse que estava prestes a fechar, mas que poderia realizar o casamento no dia seguinte. Ofereci mais dinheiro e ela aceitou. Maria saiu de carro do Valley e encarou o trânsito da hora do *rush*.

A decisão nunca pareceu precipitada, estúpida ou imprudente. Parecia urgente. Senti como se tivesse recebido uma segunda chance. Senti a sorte surpreendente de um homem que concordou em encontrar uma mulher para tomar um café quando era quase impossível para ele sair do quarto do hotel sem um cachimbo de *crack* na mão, e que se apaixonou à primeira vista.

Aquele olhar inicial foi um momento muito profundo. Percebo agora que o que me surpreendeu foi o olhar reflexivo nos olhos da Melissa. Ela olhou para mim do jeito que meu irmão costumava me olhar, do jeito que meu pai olhou para mim antes daquele último, terrível encontro em frente à sua casa: com amor, admiração e fascínio. Ela viu a dor e o trauma dentro de mim e ainda sim se apaixonou prontamente. A coisa mais traiçoeira no vício, a coisa mais difícil de superar, é dar-se conta de que você é incapaz de ver seu lado bom.

Beau e papai viam meu lado bom, mesmo quando eu não estava nos meus melhores momentos. Olhar para eles era como olhar no espelho mas, em vez de ver um alcoólatra ou um dependente químico, ver meu lado saudável refletido. Nunca achei que Beau tivesse ficado preocupado a ponto de pensar que eu não ficaria bem. Nunca pensei que ele não confiasse em mim. Foi assim que permanecemos conectados.

Quando vi Melissa naquela noite no Sunset Marquis, percebi como eu era dependente daquele olhar reflexivo. Lembro-me do momento em que deixei de ver isso nos olhos de Kathleen – aquele momento ficou registrado de forma muito intensa, e ocorreu após minha dispensa da Marinha por ter sido pego no teste de droga em 2014. Tudo ficou muito claro, poucas semanas depois que Beau morreu, quando Kathleen e eu estávamos sentados juntos no consultório da terapeuta, depois de nossa caminhada de aniversário de 35 quilômetros, e ela me disse: "Nunca vou perdoar você". Foi quando me dei conta de que não conseguiria lidar com a dor que sentia. Foi quando decidi beber. Quando você vê essas dúvidas e questionamentos nos olhos da pessoa que ama, fica despedaçado.

Em retrospecto, percebo que teria sido um inferno viver com alguém que fingia me perdoar mas, na verdade, seria incapaz de tal atitude. Agora, finalmente, estava começando a entender o que Beau estava tentando me dizer: isso tudo fazia parte do processo.

Por volta das 6 horas da tarde do dia 17 de maio de 2019, pouco antes de Maria chegar ao apartamento da Melissa, liguei para meu pai para dizer que ia me casar.

Ele precisou de um minuto para assimilar a notícia. Tudo tinha acontecido tão rápido que ninguém na família sabia que eu tinha conhecido alguém. Mesmo assim, ele rapidamente compreendeu. Ele é incapaz de não consentir quando se trata de algo importante. Ficou emocionado por eu estar tão feliz.

— Querido – disse ele –, tinha certeza de que teríamos você de volta quando encontrasse novamente o amor.

Percebi um tom plácido em sua voz.

— Pai, eu sempre fui amado – respondi. — E o fato de você nunca ter desistido de mim foi o que me fez enxergar. Você sempre acreditou em mim.

Passei o telefone para Melissa. As primeiras palavras de meu pai para ela foram as mesmas que sua avó disse à professora de inglês do Ensino Médio com quem ele se casou cinco anos depois de ficar viúvo.

— Obrigado – meu pai disse à Melissa, com sua voz suave, calorosa e acolhedora –, obrigado por dar ao meu filho a força para amar novamente.

A cerimônia em si foi comicamente surreal: assinar alguns papéis, dizer algumas palavras – e estávamos casados! Fizemos isso sob um toldo, na varanda do apartamento. Além de mim, Melissa e Maria, a única pessoa ali presente era o fotógrafo amigo de

Melissa que conheci na piscina do hotel, parte do grupo que insistiu para que eu saísse com ela – e ele chegou por acaso. Ligou um pouco antes da cerimônia, sem saber o que estávamos prestes a fazer, nos disse que estava passando em frente ao nosso prédio e perguntou se estávamos bem. Melissa pediu para ele subir, mas não disse por quê. Quando ele entrou, nós o contratamos para tirar as fotos do casamento.

Vestindo um macacão branco elegante que tirara do guarda-roupa minutos antes, Melissa estava maravilhosa. Quando ela saiu na varanda, o sol poente a iluminou como uma vela de igreja. Vesti um blazer azul, camisa social branca e *jeans*. Decidi não usar um "*smoking* canadense" completo, como no dia em que nos conhecemos.

Tudo não durou mais do que 10 minutos. Melissa e eu trocamos votos improvisados sobre nosso amor e comprometimento mútuos. Com um sotaque russo que dava a suas palavras uma espécie de oficialismo do Velho Mundo, Maria cumpriu todas as exigências da lei do estado da Califórnia.

Foi isso. Agora éramos marido e mulher.

Foi divertido e incrivelmente profundo. Nosso relacionamento não mudou em nada, exceto pelo fato de que agora era oficial. Não tínhamos planos de contar a ninguém além de nossos pais, minhas filhas e alguns amigos íntimos. Nosso receio era a possibilidade da imprensa sensacionalista nos perseguir, não era à toa.

Permanecemos focados um no outro durante a cerimônia. As colinas púrpuras de Hollywood a leste, os arranha-céus do centro da cidade ao sul, as gaivotas brancas voando por todo o céu e ao redor das palmeiras enquanto um sol laranja se punha no Pacífico – eu mal notei nada disso naquela tarde. Simplesmente fiquei olhando no fundo dos olhos azuis de Melissa e me sentindo grato pelo reflexo que via neles.

Nos desligamos de todo o resto. Sempre havia coisas para ignorar. O barulho de Washington girava em torno de nós, mesmo naquele belo fim de tarde da Califórnia. Depois de falar mais cedo com papai, tive que atrasar a cerimônia por alguns minutos para atender a uma ligação do meu advogado. Trump havia me atacado naquela tarde na Fox News, exigindo outra investigação relacionada à Burisma, apesar do anúncio do novo procurador-geral da Ucrânia, naquele mesmo dia, afirmando que não havia encontrado nenhuma evidência que sustentasse as alegações malucas de Giuliani.

Eu balancei minha cabeça, desliguei o telefone e me casei.

Onde está o Hunter?

Eu estava bem ali.

Eu estava parado em pé, bem ali.

EPÍLOGO

QUERIDO BEAU

Querido Beau,

Onde você está meu irmão? Meu Deus, sinto saudades de você. Você nunca se afastou dos meus pensamentos desde a última vez que segurei sua mão. Juro que estou dando o melhor de mim, mas eu queria muito que estivesse aqui para me dar um abraço e dizer que tudo vai ficar bem.

Nunca senti a dor da sua ausência de forma tão intensa quanto na noite em que nossa família subiu no palanque depois que papai fez seu discurso de vitória como presidente eleito. Ele conseguiu, Beau! Derrotou um homem desprezível, com uma missão vil, e o fez sem se rebaixar ao nível sórdido, sem precedentes, da oposição. Quando ficou claro que ele havia vencido, pensei na longa discussão que você, eu e papai tivéramos durante a primeira corrida presidencial dele, quando éramos adolescentes. Lembro-me de nós três discutindo apaixonadamente sobre se alguém poderia se tornar presidente e ainda ser fiel a si mesmo e aos seus princípios, ou se seria forçado a empregar as artes sombrias da negatividade e da política cínica e autosserviente.

Estávamos certos de que papai poderia manter os princípios que o tornam quem ele é e ainda assim ser eleito para o cargo mais alto do país. Demorou – *muito* tempo, com certeza. Durante essa eleição ele teve tantas oportunidades de fazer com a oposição o que estavam fazendo conosco – como atacar os filhos adultos de Trump e sua família, para irritar aqueles malucos –, mas ele não fez isso.

Beau, a única coisa que eu conseguia pensar vendo o papai de pé naquele palanque segurando seu homônimo de sete meses, que ele tirou dos meus braços enquanto fogos de artifício iluminavam o céu – era em como você estaria orgulhoso.

Você também teria adorado a noite da eleição, embora isso o teria deixado louco, porque a apuração dos votos arrastou-se por vários dias. Mas a vantagem de termos esperado por tanto tempo para que o resultado da eleição fosse anunciado foi que todos esperamos juntos, na casa da mamãe e do papai – Melissa e o bebê, minhas filhas, Natalie e Hunter, Ashley e Howard. Mais do que esperar, também estávamos em quarentena juntos. Não havia como escapar um do outro.

Durante grande parte da primeira noite, o pequeno Hunter e eu nos sentamos juntos no sofá da sala do andar de baixo, com a TV grande ligada e resto da família entrando e saindo. Os primeiros resultados chegavam de todos os lugares – estávamos vencendo, estávamos perdendo. Estávamos ganhando em Ohio, depois perdendo em Ohio. Hunter e eu trocamos olhares de "odeio essa expectativa" durante toda a noite. "Por que estamos fazendo isso?" Mas é claro que estávamos adorando. Gritávamos para Natalie se sentar para que pudéssemos ver a TV, como eu costumava gritar com você por monopolizar o controle remoto. Eles estão muito maduros e divertidos, Beau.

Minhas filhas tinham cada uma sua função. Maisy fazia todos rirem com suas observações irônicas. Finnegan tinha diversos *insights*, ela se sentou ao lado da mamãe e do papai e fazia comentários enquanto o papai revisava os discursos para atualizar os apoiadores e o resto do país à medida que aquela noite e os próximos dias se passavam. Até mesmo com Ron Klain, Mike Donilon e a tia

Val dando conselhos pelo viva-voz, Finnegan teve confiança para expressar o que ela pensava. Também a Naomi – Deus, você iria adorar ver a Naomi. Ela tem um porte elegante e gracioso e um humor ácido. Elas sentem muito sua falta, Beau.

A noite foi exatamente como você gostaria que fosse. Foi o culminar do que você disse uma vez ao papai: não importa o que acontecer, você não pode desistir. Eu sei que você não quis dizer que ele necessariamente teria que continuar concorrendo à presidência, mas que ele precisava continuar a ter propósito, pois é isso que mantém esta família unida.

Ao longo da campanha, Trump atacou todos da família de forma dura e impiedosa. Mas, em vez de nos separar, a enxurrada de ataques fez o oposto: permitiu que nos curássemos totalmente. Naquela primeira noite, quando anunciaram que Trump estava vencendo na Flórida e Ohio e que nós liderávamos em Michigan, Pensilvânia e Wisconsin, a família não entrou em conflito. Todo mundo apenas se amontoou no sofá. Ganhar, perder ou empatar, nada nos abalaria.

Dado o lugar em que estava apenas um ano e meio antes, me senti abençoado. Um pouco antes da meia-noite, antes do papai sair para dizer algumas palavras para a multidão buzinando seus carros em um comboio em frete de casa, disse o que sempre dizíamos a ele: não importa o que aconteça, nós já vencemos. Mas estava preocupado, era uma tarefa gigantesca projetar confiança em um momento em que as pessoas ao redor do mundo estavam tentando entender o desfecho da eleição com a apuração dos votos tão apertada.

Quando fui para a cama, às 3 da manhã, a sensação de pavor que todos sentiam era avassaladora. Melissa já havia adormecido e eu passei o resto da noite olhando para o teto. Tentei não ter pensamentos sombrios, mas era difícil não pensar que aquilo que Melissa e eu mais temíamos poderia acontecer. Aquelas primeiras horas, antes que a vasta maioria dos votos pendentes tivesse sido contada, pareciam perigosas. A vitória de Trump não era apenas uma ameaça à democracia, mas também uma ameaça à minha liberdade pessoal.

Se meu pai não tivesse ganhado tenho certeza de que Trump teria continuado a me perseguir da mesma maneira criminosa que adotou desde o início da campanha.

Então acordei na manhã seguinte, e na outra, e todos ainda estavam juntos. A eleição estava mudando para nosso lado. Um dos muitos presentes que Melissa deu para mim é a compreensão de que tudo acontece no seu próprio tempo. Se eu permitir e manter-me sóbrio, saudável e disponível, coisas boas irão acontecer.

Quatro dias depois do início da eleição, em uma gloriosa manhã de sábado, eu estava sentado no solário com todas as meninas, Natalie e Hunter, Melissa e o bebê Beau, Ashley e Howard, e Annie e Anthony – quando as emissoras anunciaram a vitória do papai na Pensilvânia. Era o suficiente. Mamãe e papai estavam no cais do lago; todos corremos para a varanda e gritamos a plenos pulmões: "Vencemos! Acabamos de ganhar!".

Foi um momento de alívio, exaustão e alegria absoluta. Quando a apuração terminou, mais americanos tinham votado em papai do que em qualquer presidente da história. Ainda mais surpreendente é o nível de decência e integridade que ele levaria à presidência – exatamente o que nós três concluíramos há muitos anos. Nem papai nem eu dissemos isso. Não era necessário. Em vez disso, nos abraçamos e nos beijamos.

Eu sobrevivi, meu irmão. Eu sei que você esteve comigo durante tudo isso. Eles vieram atrás de mim com toda a força. Tudo girava em torno de "Onde está o Hunter?" o tempo todo. Mas descobri que eles me fizeram um favor não intencional. Tornei-me o beneficiário do absurdo e da criminalidade transparente de meus perseguidores. Cada ataque aumentava meu novo superpoder: a capacidade de absorver a energia negativa e usá-la para me tornar mais forte. Era como o aikidô político. Cada denúncia falsa, *e-mail* fora de contexto, fotografia obscena ou vídeo (fabricado ou real), fazia com que eu me sentisse quase invencível às lanças e flechas deles.

Eles apostaram que eu não seria forte o suficiente para manter minha sobriedade, que eu sucumbiria e eles me pegariam. Mas tem uma coisa com a qual não contavam: com você, Beau: você esteve comigo o tempo todo, na forma da Melissa e do bebê Beau, das minhas meninas, de nossa irmã, nossas tias e tios, da mamãe e do papai. Todos. Sua força e amor estavam incorporados na força e no amor que me rodeava.

Isso nunca foi mais verdadeiro do que quando Giuliani, Bannon e seus colaboradores alegaram ter um *laptop* que narrava os detalhes sombrios do meu vício em drogas nos últimos três anos. O que deveria ter sido o ápice de uma campanha voltada para me gerar ansiedade tornou-se um espetáculo burlesco de televisão. Um dia me virei para Melissa e disse: "Seria natural pensar que isso poderia me fazer voltar a beber, mas essa é a coisa mais distante da minha mente agora".

Naquele momento, sabia que não havia absolutamente nada que eles pudessem fazer para tirar de mim essa coisa maravilhosa que eu havia criado. Quando eles terminaram o ataque, Melissa e eu simplesmente continuamos nossa rotina. Fizemos o almoço. Levamos o bebê Beau à praia e assistimos ao pôr do sol.

Esse foi meu aprendizado: a capacidade de dar de ombros e seguir em frente. Quando faltavam duas semanas para a eleição mais importante de nossas vidas, a única coisa que podia sentir era amor. Poder conversar com minhas filhas todos os dias, saber que Melissa estava ali pertinho, olhar por cima da minha mesa e ver o grande sorriso desdentado do bebê Beau, direcionado para mim – agora curto esses momentos e não mais aquela tempestade descontrolada e insuportável.

Meu alívio foi ter sido atacado por uma oposição desprezível. Quando você é atacado por pessoas que são capazes de tirar um bebê do seio de sua mãe e prendê-lo, você sabe que está do lado certo. Eu sabia que a justiça seria feita se eu fosse capaz de aguentar e ter força para resistir aos ataques. Nem sempre é assim que acontece. Mas foi assim que aconteceu dessa vez.

Papai, é claro, nunca titubeou. A virada na campanha veio no primeiro debate, e aconteceu quando papai falou sobre você. Trump fez a única coisa que ele sabe fazer: atacou. Naquele momento, a diferença entre os dois homens ficou evidente.

Nós sabíamos que ele iria me atacar. Antes do debate disse ao papai para não se esquivar quando Trump falasse sobre mim, como acho que ele faria. Disse a ele que não estava envergonhado do que fiz e nem diminuído pela minha dificuldade em superar o vício. Disse que havia dezenas de milhões de famílias que se identificariam com isso, seja por causa de sua própria luta ou da luta enfrentada por alguém que amavam. Não apenas iria me sentir confortável com ele falando sobre isso, mas acreditava que precisava ser dito.

E ele disse. Enquanto papai estava honrando os militares que serviram no Iraque como uma resposta às afirmações de Trump que havia chamado os militares que lutaram essa guerra de "perdedores" e "tolos", Trump o interrompeu com sua insensibilidade característica e começou a me atacar.

Papai respondeu com habilidade, empatia e firmeza.

"Meu filho", disse ele, ignorando Trump enquanto olhava diretamente para a câmera, "assim como muitas pessoas que você conhece, teve um problema com drogas. Ele o superou, ele melhorou, ele se esforçou muito. E estou orgulhoso dele. Estou orgulhoso do meu filho."

Essas palavras não apenas desarmaram Trump, mas deram conforto e esperança a milhões de americanos. Fiquei muito orgulhoso. Você também ficaria.

Beau, finalmente estou vivendo a vida que você sempre quis viver. Você adoraria a Califórnia, você adoraria o lugar onde eu moro. Há tantas "coisas boas da vida" pelas quais sou grato, e tento me lembrar delas todos os dias. Nós estamos em *lockdown* por causa da pandemia de covid-19, mas eu não estou sentindo muita falta do mundo externo. Tenho a Melissa, o bebê Beau e minhas meninas. Eu tenho toda a família. Estou escrevendo bastante e voltei a pintar.

Estou pintando como um louco. Isso me manteve com os pés no chão e, inicialmente, me manteve longe daquele submundo, logo abaixo das colinas de Hollywood. Isso desbloqueou algo que vinha tentando emergir de dentro de mim desde quando éramos crianças. Finalmente tenho tempo e espaço – e sobriedade – para explorá-lo.

Agora, acordo com o bebê Beau, faço uma xícara de café e pinto pela manhã. Melissa prepara o almoço e às vezes saímos para caminhar, outras saímos para dar uma volta de carro. Então eu pinto durante a tarde, minhas mãos e antebraços cobertos de azul, amarelo e verde. Estou motivado a criar.

Pensando em todas a telas que pintei desde criança – arte que só você viu – e os cadernos de desenho que rabisquei ao longo dos anos, sinto que voltei ao meu eu autêntico. Quer gostem ou não da minha arte, não é isso que me motiva a me levar todas as manhãs e pintar. Não me importa o porquê para eu pintar. Pinto porque quero. Pinto porque preciso. Nossa casa está repleta de pinturas.

Tudo isso faz parte de um novo capítulo, outra etapa do processo. Ainda tenho muito trabalho a fazer comigo mesmo, com meu vício. Preciso limpar o entulho do meu passado. Estou tentando pagar minhas dívidas – tanto as figurativas quanto as literais.

Não quero dar a impressão de que meus problemas acabaram e está tudo bem. Você sabe muito bem que vivi sóbrio por um longo período para ver isso desaparecer em um instante. Estou completamente ciente de que a sobriedade pode ser frágil e passageira. Estou sempre atento ao perigo que estou correndo, não importa há quanto tempo tenha sido minha última dose de bebida ou droga. Mas não estou me segurando pelas unhas dessa vez; o desejo, a vontade de usar se foi.

Aprendi isso durante minha primeira internação, em 2003: A sobriedade é fácil, tudo o que você precisa fazer é mudar tudo. Parte dessa mudança para mim é não me permitir mais o prazer egoísta de reagir da mesma maneira às velhas coisas. Sei agora que não posso me dar ao luxo de ficar com raiva. Não posso me dar ao luxo de cair na autopiedade ou ficar frustrado com alguma coisa. Não posso me dar ao luxo de ficar ofendido com as pessoas por se preocuparem comigo, sejam preocupações legítimas ou decorrentes de seus próprios medos.

Não posso me dar ao luxo de dizer que se *foda*.

Falo todos os dias com pessoas que estão em recuperação. Com o vício sendo nosso equalizador, desenvolvi uma rede de apoio de pessoas que entendem minha luta com base em sua própria experiência. Raramente falamos sobre essas lutas de maneira específica. Na maioria das vezes apenas conversamos sobre coisas pelas quais somos gratos, sobre as coisas que de fato nos incomodam. Nos esforçamos para garantir que nossa conexão seja ativa em nossa vida diária para que possamos estar totalmente disponíveis um ao outro nos momentos de crise. Você nunca sabe quando esse momento chegará. Mesmo após os fantasmas do vício terem sido banidos, eles ainda existem. Tenho um medo saudável deles.

Estou focado nos nossos filhos. O tempo que perdi continua sendo meu maior arrependimento. Estamos mais próximos. Tenho a sensação de que todas as coisas horríveis que foram ditas a meu respeito apenas serviram para nos unir. Isso nos deu a oportunidade de nos curarmos. Amo o que Hemingway escreveu: "O mundo quebra todos, e depois muitas pessoas ficam mais fortes nos lugares quebrados". Essa é minha esperança. As feridas não cicatrizam da noite para o dia.

O que eu passei – as coisas que fiz – é algo que nunca poderei apagar, nunca esquecerei. Mas estou aprendendo a viver o momento, sem sentir-me culpado ou envergonhado o tempo todo. O crédito por isso vai para Melissa, para Naomi, Finnegan e Maisy, para nossa família. E para você, Beau.

Não tenho mais medo do futuro, Beau. Percebi isso algumas semanas antes da eleição. Em meio a todos os ataques lascivos contra mim, um amigo pensou em voz alta: "Não seria ótimo se toda essa história tivesse um final feliz?".

Pensei que essa história já tinha um final feliz. O final feliz começou no dia em que conheci a Melissa e finalmente larguei a bebida e as drogas. Apesar de toda a pressão e de ter que lidar com as consequências das minhas irresponsabilidades, o final feliz está bem aqui. Mas um final feliz não é o fim ou a linha de chegada – é apenas o começo, o começo de uma vida que tenho que trabalhar para manter todos os dias, uma vida que tenho sorte de viver, contanto que me mantenha sóbrio.

E que presente incrível é viver à luz das "coisas boas da vida".

Meu Deus, sinto tanta saudade de você, meu irmão.

Eu amo você. Amo você. Amo você.

Hunter.

AGRADECIMENTOS

Obrigado a Drew Jubera, cuja ausência teria tornado impossível a publicação de *As Coisas Boas da Vida*, e obrigado à excelente equipe que deu suporte a este livro: Andrew Chaikivsky, Laura Nolan e David Granger da Aevitas, Jack Kingsrud, Kevin Morris e George Mesires.

Obrigado a Aimée Bell e a todos da Gallery Books: Jennifer Bergstrom, Jennifer Long, Sally Marvin, Max Meltzer, Eric Rayman, Jennifer Robinson, Tom Spain, Jennifer Weidman, Sarah Wright e Laura Cherkas.

Obrigado à minha família e a todos que me ajudaram neste caminho em direção às "coisas boas da vida".

Obrigado especialmente a Naomi, a Finnegan e a Maisy.

Acima de tudo: obrigado, Melissa, o amor da minha vida.

Hunt o garoto/homem mais corajoso que eu já conheci.
Te amo mais do que tudo. Com amor, papai.